Kleine Reihe · Politische Bildung · Didaktik und Methodik

Herausgegeben von Gotthard Breit, Ursula Buch, Bernward Debus und Peter Massing

Joachim Detjen

POLITIKKOMPETENZ
Urteilsfähigkeit

WOCHEN
SCHAU
VERLAG

Bibliografische Information der Deutschen Nationalbliothek

Die Deutsche Nationalbibliothek verzeichnet diese Publikation in der Deutschen Nationalbibliografie; detaillierte bibliografische Daten sind im Internet über http://dnb.d-nb.de abrufbar.

www.wochenschau-verlag.de

Titelgestaltung: Ohl Design
Gesamtherstellung: Wochenschau Verlag
ISBN 978-3-89974865-9

Zeitfracht Medien GmbH
Ferdinand-Jühlke-Straße 7
99095 Erfurt, Deutschland
produktsicherheit@kolibri360.de

Inhalt

Einleitung

Seit einer Reihe von Jahren bemüht sich die Politikdidaktik darum, Kompetenzen für den Politikunterricht zu benennen. Sie tut dies als Reaktion auf die vom Bundesministerium für Bildung und Forschung und der Kultusministerkonferenz (KMK) geförderte Expertise „Zur Entwicklung nationaler Bildungsstandards". Absicht dieser im Jahr 2003 veröffentlichten Expertise ist es, dem Bildungssystem neue Impulse in Richtung auf mehr Qualität zu vermitteln. Im Zentrum des neuen, ergebnis- oder outputorientierten Denkens stehen die Begriffe Bildungsstandards und Kompetenzen.

Bildungsstandards

Die erwähnte Expertise verlangt von den Fachdidaktiken eine Reihe von Aktivitäten: So sind sie gehalten, die Kernideen ihres jeweiligen Faches herauszustellen, um Lehren und Lernen darauf zu fokussieren. Zu diesen Kernideen gehören die grundlegenden Begriffsvorstellungen (Basiskonzepte) und das ihnen zuzuordnende fachliche Grundlagenwissen (Fachkonzepte). Dann sollen die Fachdidaktiken die fachbezogenen Kompetenzen in sogenannten Kompetenzmodellen festlegen. Diese sollen die grundlegenden Handlungsanforderungen spiegeln, denen die Schüler in der Domäne, d.h. in dem Weltausschnitt, den das Unterrichtsfach repräsentiert, ausgesetzt sind (Klieme u.a. 2003, 15).

Anforderungen an Kompetenzmodelle

Die Anforderungen an die Entwicklung von Kompetenzmodellen sind hoch: Zunächst müssen Kompetenzen domänenspezifisch sein. Sie müssen im Falle der politischen Bildung also einen Bezug zur Politik aufweisen. Kompetenzen müssen zweitens als kognitive Leistungsdispositionen konstruiert werden. Sie müssen verstanden werden als erlernbare kognitive Fähigkeiten und Fertigkeiten, mit deren Hilfe kontextspezifische Situationen und Probleme bewältigt bzw. gelöst werden können (Hartig/Klieme 2006, 128 ff.). Kompetenzen müssen sich drittens kultivieren, steigern und verfeinern, mit einem Wort: graduieren lassen. Viertens schließlich wird ver-

langt, dass sich das von Schülern erreichte Kompetenzniveau empirisch zuverlässig erfassen lässt. Es müssen sich daher Aufgaben konstruieren lassen, die prüfen, ob eine Person eine angestrebte Fähigkeit entwickelt hat. Da Kompetenzen die Verbindung zwischen Wissen und Können herstellen, sind sie als Befähigung zur Bewältigung von Situationen bzw. von Aufgaben zu sehen. Die Erfassung einer Kompetenz lässt sich jedenfalls nicht mit Wissensabfragen erschöpfen (Klieme u.a. 2003, 60).

Vier Kompetenzdimensionen

In der Politikdidaktik herrscht mittlerweile weitgehend Einverständnis darüber, dass sich die mit Hilfe des Politikunterrichts anzustrebende Politikkompetenz aus vier Komponenten, Kompetenzdimensionen genannt, zusammensetzt. Es handelt sich um das politische Wissen, um die politische Urteilsfähigkeit, um die politische Handlungsfähigkeit sowie um politische Einstellungen und Motivation. Es herrscht auch Übereinstimmung darüber, dass sich die Kompetenzdimensionen zwar analytisch trennen lassen, dass sie in den Subjekten aber auf das Engste zusammenwirken und sich gegenseitig verstärken.

GPJE-Modell

Für die politische Urteilsfähigkeit gilt, dass ihre begriffliche Entfaltung auf dem Stand der neunziger Jahre stehen geblieben ist. Es ist seitdem versäumt worden, genauer hinzusehen, worin politisches Urteilen eigentlich besteht und welche Gegenstände von politischen Urteilen erfasst werden. Entsprechend vage sind beispielsweise die Ausführungen über die politische Urteilsfähigkeit in den „Nationalen Bildungsstandards für den Fachunterricht in der Politischen Bildung an Schulen" der Gesellschaft für Politikdidaktik und politische Jugend- und Erwachsenenbildung (GPJE 2004, 15 f.).

Es ist also Zeit für eine Klärung der politischen Urteilsfähigkeit. Das soll im vorliegenden Beitrag geschehen. Die Klärung nimmt zugleich für sich in Anspruch, die politische Urteilsfähigkeit so zu konzeptualisieren, dass sie die Qualität einer Kompetenz im oben aufgeführten Sinne gewinnt.

Das erste Kapitel verfolgt den Zweck, Aufschluss über den Urteilsbegriff zu gewinnen. Dieser ist komplexer, als es auf den ersten Blick erscheint. Das zweite Kapitel stellt das politische

Urteilen in den Kontext einschlägiger Wissenschaften. Neu ist vor allem die Berücksichtigung der psychologischen Perspektive. Diese wurde lange Zeit beim Nachdenken über das, was das Urteilen von den Subjekten verlangt, vernachlässigt. Das dritte Kapitel entfaltet die Facetten der politischen Urteilsfähigkeit. Aufgezeigt wird, dass sich die Urteilsfähigkeit auf mehrere, in ihren kognitiven Ansprüchen deutlich unterscheidbare Urteilsarten bezieht. Dies ist in der bisherigen Diskussion über die politische Urteilsfähigkeit überhaupt noch nicht thematisiert worden. Das Kapitel breitet die Urteilsarten aber nicht nur aus, es kommentiert sie darüber hinaus aus didaktischer und methodischer Sicht. Das vierte Kapitel schließlich enthält Ausführungen über die Graduierung und die Bewertung der Urteilsfähigkeit.

Mehrzahl von Urteilsarten

Nicht ganz unerhebliche, wenngleich bei Weitem nicht alle Teile der hier ausgebreiteten Gedanken hat der Verfasser anderen Ortes im Kontext einer mit einigen Kollegen zusammen verfassten Studie veröffentlicht (Detjen/Massing/Richter/Weißeno 2012). Den vorliegenden Text, der einer eigenen gedanklichen Logik folgt, verantwortet er allein.

1. Grundlegendes über das politische Urteilen

1.1 Allgemeine Merkmale von Urteilen

Urteile = Behauptungssätze

1. In elementarer Betrachtung ist ein Urteil nichts anderes als eine Feststellung, die sprachlich durch einen Behauptungssatz ausgedrückt wird. Ein Urteil erhebt somit Anspruch auf Gültigkeit. Logisch gesehen werden in einem Urteil wenigstens zwei Begriffe miteinander verknüpft, oder es wird, etwas allgemeiner formuliert, etwas Mannigfaltiges zu einer Einheit synthetisiert. Man könnte auch sagen, dass in einem Urteil einem Subjekt ein Prädikat zugesprochen wird. Dabei ist das Subjekt der Träger der im Prädikat ihm zugeschriebenen Eigenschaften, Zustände oder Tätigkeiten.

Je nach Intention des Urteilenden gibt es beschreibende, klassifizierende, vergleichende und erklärende Urteile. Daneben gibt es auch Urteile, in denen der Urteilende etwas bewertet oder gar vorschreibt. In inhaltlicher oder ontologischer Hinsicht enthalten Urteile Aussagen über (innere) Gedanken oder (äußere) Sachverhalte. Urteile lassen sich zu Schlüssen verknüpfen.

Kants „Kritik der reinen Vernunft"

2. In der „Kritik der reinen Vernunft" im Abschnitt „Von der logischen Funktion des Verstandes in Urteilen" entwickelte Immanuel Kant eine Urteilstafel. Er erläuterte, dass er dabei lediglich der herkömmlichen Logik folge. Hiernach können Urteile nach Quantität, Qualität, Relation und Modalität eingeteilt werden. Die Quantität bezieht sich auf die Anzahl der Subjekte im Urteil. Die Qualität bezieht sich auf die Seinsweise des im Urteil angesprochenen Subjekts. Die Relation betrifft die Beziehung zwischen den Bestandteilen des Urteils. Die Modalität schließlich drückt den Realitätsgehalt des Urteils aus.

Quantität

Das Kriterium der Quantität unterscheidet allgemeine oder universale Urteile (Beispiel: „Alle Demokratien sind friedliebend."), besondere oder partikuläre Urteile (Beispiel: „Einige autoritäre Regime lassen Pressefreiheit zu.") sowie einzelne oder singuläre Urteile (Beispiel: „Stalin war ein Tyrann.").

Qualität

Das Kriterium der Qualität unterscheidet bejahende oder affirmative Urteile (Beispiel: „Deutschland ist eine Demokratie.") sowie verneinende oder negative Urteile (Beispiel: „Kuba ist kein Rechtsstaat.").

Relation

Das Kriterium der Relation unterscheidet einfache oder kategorische, d.h. nicht aus anderen Urteilen zusammengesetzte Urteile (Beispiel: „Der Präsident hat eine Amtspflichtverletzung begangen.") sowie zusammengesetzte oder hypothetische Urteile (Beispiel: „Wenn ein Präsident eine Amtspflichtverletzung begangen hat, muss er mit einer Anklage rechnen."). Das Kriterium der Modalität unterscheidet problematische (probabilistische) oder eine Möglichkeit ausdrückende Urteile (Beispiel: „Der Wirtschaftsaufschwung könnte bald an ein Ende kommen."), assertorische oder die Wirklichkeit behauptende Urteile (Beispiel: „Das Bruttosozialprodukt ist im letzten Jahr um zwei Prozent gewachsen.") sowie apodiktische oder eine Notwendigkeit meinende Urteile (Beispiel: „Ein Überhang an Geld in einer Volkswirtschaft führt zwangsläufig zur Inflation.").

Modalität

Analysen, Schlussfolgerungen

3. Urteile in der allgemeinen Form als Aussagen über Sachen, Personen, Handlungen und Ereignisse gibt es zu allen nur denkbaren Gegenständen. Sie sind mithin nicht politikspezifisch. Gleichwohl spielen Urteile in der allgemeinen Form eine nicht substituierbare Rolle in politischen Denkprozessen. So kommen sie zwangsläufig in politischen Analysen vor, d.h. in Denkakten, die einem abschließenden politischen Urteil vorausgehen. Sie liegen weiterhin politischen Schlussfolgerungen als Prämissen zugrunde. Und sie tauchen in der Erläuterung wie auch in der Begründung politischer Urteile auf.

Es ist folglich so, dass Aussagen, die im Bereich der Politik etwas Sachliches feststellen oder eine sachliche Schlussfolgerung ziehen, noch keine politischen Urteile im eigentlichen Sinne

sind (Arendt 1985, 96). Denn politische Urteile verlangen eine Haltung des Gemeinsinns und setzen eine Orientierung in der Welt voraus (Hermenau 1999, 24). Sie beziehen ferner zustimmend oder ablehnend Stellung oder drücken gar einen Willensentschluss aus.

1.2 Generelle Urteilstypen: deskriptive, präskriptive und evaluative Urteile

Deskriptive Urteile

1. Es gibt zwei grundlegende Urteilstypen, nämlich deskriptive und präskriptive Urteile. In deskriptiven Urteilen wird etwas behauptet, festgestellt, gedeutet oder erklärt. Der Grad der Sicherheit des Behaupteten kann sehr unterschiedlich sein. So kann die Existenz eines Sachverhaltes als möglich, als sicher oder als notwendig dargestellt werden. In präskriptiven Urteilen wird etwas empfohlen, erlaubt, vorgeschrieben oder aber verboten. Auch hier werden in der Regel inhaltliche oder modale Differenzierungen vorgenommen. So ist es ein Unterschied, ob gesagt wird, ein erfolgloser Politiker müsse, solle oder sollte zurücktreten.

Präskriptive Urteile

Es liegt auf der Hand, dass in präskriptiven Urteilen auch deskriptive Elemente enthalten sind. Dies gilt jedenfalls dann, wenn präskriptive Urteile nicht nur aus einem Satz bestehen. Insofern bilden deskriptive Urteile die Basisform jeglichen Urteilens. Deskriptive Urteile erweitern sich zu präskriptiven Urteilen, wenn die getroffenen Feststellungen mit Handlungsimperativen versehen werden.

Begründungs- und Rechtfertigungsdiskurse

Die in deskriptiven Urteilen aufgestellten Behauptungen müssen in Begründungsdiskursen eingelöst werden. Die in präskriptiven Urteilen aufgestellten Imperative verlangen Rechtfertigungsdiskurse.

Evaluative Urteile

2. Evaluative oder bewertende Urteile nehmen eine Zwischenstellung ein. In solchen Urteilen wird etwas als gut oder schlecht, als geeignet oder ungeeignet, als zustimmungswürdig

oder ablehnenswert bezeichnet. Häufig geschieht dies mit Abstufungen, Differenzierungen und Einschränkungen. So kann beispielsweise eine Wahlniederlage als katastrophal, als den eigenen Erwartungen nicht ganz entsprechend oder gar als besser als befürchtet charakterisiert werden.

Evaluative oder Werturteile können einen eher deskriptiven oder einen eher präskriptiven Akzent tragen. Die Abgrenzung ist mitunter schwierig. Eher deskriptiv sind diejenigen Werturteile, in denen lediglich behauptet wird, dass ein Sachverhalt eine bestimmte Bewertung verdient, wenn also beispielsweise geurteilt wird, dass Deutschland eine insgesamt gelungene Außenpolitik betrieben habe. Eher präskriptiv sind Werturteile, wenn ihnen ein auffordernder Sinn innewohnt, wenn also etwa geurteilt wird, dass Deutschland eine nachahmenswerte Sozialpolitik betreibe. Die meisten Werturteile enthalten eine präskriptive Tendenz. Sie legen zur Bewertung passende Handlungsweisen also durchaus nahe. Sie sprechen den Handlungsimperativ aber nicht aus.

Normative Urteile

Präskriptive Urteile und evaluative Urteile können zusammenfassend als normative Urteile bezeichnet werden. Das bedeutet: Normative Urteile beziehen entweder wertorientiert Stellung oder empfehlen bzw. verbieten Handlungen.

Vergleichsurteile

3. Vergleichsurteile gibt es sowohl in deskriptiver als auch in normativer Gestalt. Ein deskriptives Vergleichsurteil liegt vor, wenn man etwa sagt, dass das Bruttosozialprodukt Deutschlands höher ist als das von Italien. Ein normatives Vergleichsurteil ist gegeben, wenn man beispielsweise sagt, dass das Programm der Partei A besser sei als das der Partei B.

1.3 Politische Urteilsarten: Sachurteile, Werturteile, Entscheidungsurteile und Gestaltungsurteile

Dominanz normativer Urteile

1. In der Politik gibt es, wie in anderen Bereichen auch, deskriptive und normative Urteile. Allerdings gilt, dass die Politik stärker als andere Bereiche durch normative Urteile geprägt ist. Zwar gibt es in der politischen Kommunikation durchaus rein sachliche Feststellungen, Schlussfolgerungen, interpretierende Deutungen und Erklärungen, aber diese Denk- und Sprechakte treffen noch nicht das eigentlich Politische. In der Politik haben deskriptive oder Sachurteile nämlich einen eher instrumentellen Charakter. Sie bilden gewissermaßen die Basis für darauf aufbauende normative Urteile. Diese normativen Urteile sind entweder evaluative Urteile, wenn es um die bewertende Einschätzung von Sachverhalten geht. Oder sie sind präskriptive Urteile, wenn es um Entscheidungen geht.

Politische Analysen = Sachurteile

2. Sachurteile sind im Grunde nichts anderes als die Ergebnisse von Sachanalysen. Solche Analysen sind in der Politik sehr wichtig, loten sie doch den Bedingungsrahmen sowie den Möglichkeitsspielraum für politisches Bewerten und Entscheiden aus. Ihre Resultate sind aber noch keine politischen Urteile. Anders gesagt: Die Qualität eines politischen Urteils hängt stark von der vorausgegangenen Analyse ab. Einem daraus abgeleiteten Sachurteil fehlt jedoch das Merkmal eines reflexiven Schiedsspruchs, der sich als zustimmende oder ablehnende Bewertung eines Sachverhaltes bzw. als Entscheidung oder Nichtentscheidung zu einer Handlung darstellt. Dieser reflexive Schiedsspruch ist nun das Kernmerkmal politischer Urteile und muss daher notwendig zu einem Sachurteil hinzukommen.

Mit Nachdruck ist also zu betonen, dass politische Urteile nie nur Sachurteile sind. Politische Urteile setzen wohl sachliche Feststellungen voraus, sie sind in ihrem Kern aber immer nor-

mativ. Ihre Normativität besteht darin, dass sie die im Urteil angesprochenen Sachverhalte mit Bewertungen (Werturteil) und gegebenenfalls mit Imperativen (Entscheidungsurteil) versehen. Ein Werturteil wäre etwa die Aussage „Deutschland betreibt eine gute Außenpolitik." Ein Entscheidungsurteil hätte die Form „Deutschland soll sich an einer militärischen Intervention beteiligen." Besteht ein Entscheidungsurteil aus konkreten Maßnahmen zur Implementierung der Entscheidung, handelt es sich um ein Gestaltungsurteil. Ein Gestaltungsurteil könnte lauten: „Deutschland soll seine im Ausland befindlichen Truppen am Ende des Jahres um 3.000 Soldaten verstärken."

Werturteil

Entscheidungsurteil

Gestaltungsurteil

3. Dass politische Urteile notwendig normativ sind, hängt mit den Eigentümlichkeiten der Politik zusammen. Politik ist nämlich gestaltendes, aus Alternativen auswählendes Handeln. Menschliches Handeln ist immer teleologisch, d.h. intentional ausgerichtet. Handeln in der Politik bedeutet daher, nach Maßgabe von Gütekriterien bzw. Wertmaßstäben sowie von Zielvorstellungen sich für oder gegen etwas zu entscheiden und diese Entscheidung sich selbst oder anderen als begründeten Handlungsimperativ vorzuschreiben. Selbst wenn keine eigene Handlungsmöglichkeit besteht, ist doch zumindest Raum für eine Bewertung von Sachverhalten oder der Handlungen anderer gegeben.

Ein weiteres Spezifikum der Politik verdient Beachtung: Die Politik hat es fast immer mit knappen Ressourcen zu tun. Zudem steht sie ebenfalls fast immer vor der Situation unterschiedlicher Handlungsoptionen. Beides hat zur Konsequenz, dass die Politik nicht umhin kommt, abzuwägen und schließlich Partei zu ergreifen. Politische Urteile in Gestalt von Wert- und Entscheidungsurteilen sprechen sich also notgedrungen für oder gegen etwas bzw. für oder gegen jemanden aus (Weinbrenner 1997, 74).

Abwägung

Parteiergreifung

4. Die Gegenstände politischer Urteile sind sehr vielfältig. So können sie sich auf politische Ereignisse, Konflikte und Entscheidungen (*politics*), auf politische Probleme und

Aufgabenfelder (*policy*) sowie auf politische Institutionen und Verfahren (*polity*) beziehen, also auf Gegebenheiten des realen politischen Geschehens. Sie können sich aber auch auf politische Aussagen, Programme, Theorien, Ideologien und Denkweisen beziehen, also auf Widerspiegelungen der Politik im Bewusstsein der Menschen. Weiterhin lassen sich politische Urteile danach unterscheiden, ob sie politische Sachverhalte in der beschriebenen Vielfalt betreffen oder ob sie auf Handlungen oder persönliche Qualitäten politischer Akteure Bezug nehmen.

Gegenstände politischer Urteile

Immer sind Menschen von politischen Urteilen betroffen. Dies gilt, wenn auch indirekt, selbst dann, wenn es sich um Urteile über Institutionen und Verfahren handelt. Denn Institutionen und Verfahren wirken sich auf das Zusammenleben der Menschen aus. Zwangsläufig spielt deshalb auch die Moral in politischen Urteilen eine wichtige Rolle. Insbesondere sind politische Gerechtigkeits- und Gemeinwohlvorstellungen moralisch affiziert. Gleichwohl dürfen politische Urteile nicht mit Moralurteilen gleichgesetzt werden.

Moralurteile

5. Moralurteile fallen in der Regel viel rigider aus als politische Urteile. Das liegt daran, dass Moralurteile in erster Linie oder gar ausschließlich ethischen Prinzipien gerecht zu werden versuchen. Sie zielen unbedingte Geltung an. Moralurteile tendieren deshalb zur Gesinnungsethik. In Moralurteilen spielt folglich die empirische Situation eine untergeordnete Rolle und werden Interessen- und Machtkonstellationen völlig vernachlässigt. Eine rein moralische Orientierung kann der Komplexität der Politik deshalb nicht gerecht werden. Man kann zwar moralisch über Politik urteilen. Ausschließlich nach moralischen Kriterien über Politik zu urteilen heißt aber, nicht angemessen über Politik zu urteilen (Massing 2003, 92 f.).

1.4 Die politische Urteilsfähigkeit im Kontext der anderen Kompetenzdimensionen

1. Es gibt einen engen Zusammenhang zwischen der politischen Urteilsfähigkeit und dem politischen Wissen. Denn es liegt auf der Hand, dass man Kenntnisse über Sachverhalte der gesellschaftlich-politischen Wirklichkeit benötigt, wenn man hierüber urteilen will. Politische Urteile basieren also immer auf einer Wissensgrundlage, d.h. auf Informationen über die zu beurteilende Sache. Je mehr Informationen in ein Urteil einfließen, umso überzeugender lässt es sich formulieren und begründen. Umgekehrt können Urteile dadurch „falsch" werden, dass dem Urteilenden wesentliche Informationen nicht zur Verfügung stehen.

Konzeptuelles Wissen

Zu unterscheiden sind das konkrete Faktenwissen auf der einen und das konzeptuelle Wissen auf der anderen Seite. Das konkrete Faktenwissen ist eng an die jeweils zu beurteilende Sache gebunden, deshalb kein allgemeines Wissen und folglich kein Gegenstand von Bildungsprozessen. Dagegen bezeichnet das konzeptuelle Wissen in Gestalt von Basiskonzepten zentrale Prinzipien bzw. Paradigmen der Domäne Politik, ohne deren Verständnis Politik nicht angemessen verstanden werden kann.

Basis- und Fachkonzepte

Basiskonzepte der Politik sind Ordnung, Entscheidung und Gemeinwohl. Die Basiskonzepte lassen sich ausdifferenzieren in Fachkonzepte, deren Gesamtheit das von der politischen Urteilsfähigkeit unbedingt verlangte vernetzte Grundlagenwissen repräsentiert (Weißeno/Detjen/Juchler/Massing/Richter 2010, 48 f.).

2. Es existiert ebenfalls ein enger Zusammenhang zwischen der politischen Urteilsfähigkeit und der politischen Handlungsfähigkeit. Dieser Zusammenhang ist allein schon deshalb gegeben, weil das Urteilen selbst eine Handlung darstellt. Dabei ist das Urteilen im Kern eine innere oder mentale Handlung. In dem Moment jedoch, in dem ein Urteil ausgesprochen und gegenüber anderen begründet wird, liegt eine äußere Handlung vor.

Eine Berührung von Urteilen und Handeln liegt insbesondere beim Entscheidungsurteil vor. Denn ein solches Urteil lässt sich im Grunde kaum von einer Entscheidungshandlung unterscheiden. Es lässt sich allenfalls eine zeitliche Abfolge von Urteilsprozess und Entscheidungsakt feststellen. So ist das Urteilen ein möglicherweise längere Zeit in Anspruch nehmender innerer Vorgang der sachlichen Analyse, des kritischen Abwägens von Optionen und des abschließenden Sich-Entschließens. Letzteres könnte man als das Fällen einer Entscheidung bezeichnen. Dieses Fällen schließt das Urteilen als Reflexionsprozess ab. Das Aussprechen der Entscheidung befindet sich aber bereits in einer Übergangszone von Denken und Handeln. Denn wenn eine Entscheidung nicht folgenlos bleiben soll, müssen sich kongruente Handlungen anschließen. Unter dieser Voraussetzung markiert das Aussprechen der Entscheidung also den Beginn von Handlungen, die in der Entscheidung angekündigt wurden. Man könnte sagen, dass beim Aussprechen das Fällen einer Entscheidung mit dem Treffen einer Entscheidung zusammenfällt. Dabei drückt das Treffen einer Entscheidung die Zugehörigkeit zur Handlungssphäre aus (Niehaus 2006, 16 f.). Ist eine Entscheidung nicht das Ergebnis eines individuellen Denkprozesses, sondern das Resultat eines gemeinschaftlichen Willensbildungsprozesses, ist sie eindeutig dem politischen Handeln zuzuordnen. Alles eben Gesagte gilt selbstverständlich auch für Gestaltungsurteile.

Urteilen und Entscheiden

3. Schließlich gibt es auch einen Zusammenhang zwischen der politischen Urteilsfähigkeit und Einstellungen sowie Motivation. So ist die Entscheidung, zu urteilen oder nicht zu urteilen, immer eine Willensäußerung. Der starke Wille zeigt sich geradezu darin, sich selbst ein Urteil zu bilden und nicht einfach Autoritäten blindlings zu folgen (Bredow/Noetzel 2009, 60). Weiterhin ist das politische Urteilen zwar der Rationalität verpflichtet, was jedoch nicht bedeutet, dass Gefühle beim Urteilen keine Rolle spielen. Man könnte sogar sagen, dass emotionsloses Denken zu partieller Werteblindheit führt. Gerade humane Werte werden nämlich intensiv emotional und nicht einfach nur rational wahrgenommen. Eine allein

Einstellungen und Motivation

Empathie

auf Vernunft gestützte politische Urteilskraft kommt also nicht sehr weit. Die Empathie bildet daher gewissermaßen den innersten Kern der Urteilsfähigkeit (Bredow/Noetzel 2009, 69, 275).

So können Emotionen wie das Mitleid mit Hilflosen und die Empörung über Unrecht den Willen motivieren, in Form von Gestaltungsurteilen über Mittel zur Behebung skandalöser sozialer Verhältnisse nachzudenken und entsprechende Handlungen zu initiieren. Unstrittig ist, dass Toleranz, Solidarität und Verantwortlichkeit der moralischen Qualität politischer Urteile zugute kommen. Man kann daher direkt von einer Urteilsfunktion der Gefühle sprechen (Meier-Seethaler 2001, 293 ff.).

2. Das politische Urteilen in der Perspektive der Wissenschaften

2.1 Das politische Urteilen in politikwissenschaftlicher Perspektive

1. Aus der Perspektive der Politikwissenschaft, speziell der politischen Philosophie, lässt sich über das politische Urteilen Folgendes feststellen: Politisches Urteilen verlangt einen Bereich, in dem Menschen frei, gemeinsam und öffentlich handeln können. Politisches Urteilen setzt mithin voraus, dass die Politik nicht von Gesetzmäßigkeiten beherrscht wird. Politisches Urteilen ist nämlich nur dann erforderlich, wenn angenommen wird, dass die Politik auf Kontingenz, Situationsgebundenheit und Meinungen gründet. Denn das bedeutet, dass es unterschiedliche Standorte gibt und dass folglich Urteile notwendig sind, um überhaupt politisch handlungsfähig zu werden. Eine angemessene politische Urteilskraft wird von denen verlangt, die in der Politik handelnd tätig sind. Sie wird aber auch von denen erwartet, die, ohne selbst aktiv zu sein, sich der Politik betrachtend zuwenden. Im Grunde ist die politische Urteilskraft ein Synonym für freies, öffentliches und gemeinsames Handeln von Menschen in der Welt. Beginnend mit Aristoteles und endend mit Burke und Tocqueville gab es im westlichen politischen Denken eine große Tradition, die diese Annahmen teilte und der politischen Urteilskraft die ihr zukommende Bedeutung zumaß. Infrage gestellt wurde diese Tradition vor allem durch Hobbes, der die Politik der mathematischen Methode unterstellte, und durch Hegel, der die Politik durch historische Gesetze aufhob (Vollrath 1977, 22, 70, 114 f., 140).

Politische Urteilskraft

Aristoteles, Burke, Tocqueville

Klugheit (phronesis)

2. Aristoteles trug mit der Theorie der *phronesis* (Klugheit) die erste umfassende Analyse der Urteilskraft vor. Er begriff die Klugheit als ein sittlich-praktisches Urteilsvermögen, das auf das allgemeine Lebensziel Glück ausgerichtet ist. Die Klugheit sagt, was man tun und was man nicht tun soll. Sie ist die Mitte zwischen Gerissenheit und Einfalt. Dabei ist die Gerissenheit eine Urteilsfähigkeit, die, von moralischen Vorgaben abgekoppelt, nur selbstsüchtigen Zielen dient (Höffe 2005, 302, 309). Generell vermittelt die Klugheit zwischen dem allgemeinen Lebensziel und der Partikularität und Kontingenz der Mittel und Wege, mit deren Hilfe man die Lebensaufgabe in den je einzelnen Handlungen verwirklicht (Vollrath 1977, 85). Die *phronesis* nimmt in der kontingenten Welt des menschlichen Handelns zwangsläufig eine Schlüsselrolle ein. In dieser Welt, zu der auch die Politik gehört, wird nicht primär durch Schlüsse aus notwendigen und wahren Prämissen geurteilt, sondern durch das Aufeinanderbeziehen oder In-Entsprechung-Bringen des kontingenten Einzelnen und des aufgegebenen Allgemeinen (Celikates 2007, 97).

Hannah Arendt

3. Eine Renaissance erlebt die politische Urteilskraft erst wieder im zwanzigsten Jahrhundert mit Hannah Arendt. Die politische Urteilskraft ist für sie das wichtigste Gegenmittel gegen totalitäre Tendenzen in der Gesellschaft (Schmidt 2007, 77). So wirft sie den totalitären Bewegungen und deren Personal einen Mangel an Urteilskraft vor. Darüber hinaus diagnostiziert sie einen Schwund an politischer Urteilskraft in der modernen Welt. Dieser Schwund begann in ihren Augen mit einem Misstrauen gegen Urteile und der Hoffnung, durch logisches Folgern ein Urteilen überflüssig zu machen (Vollrath 1993, 39 f.).

Arendt entwickelt ihre Theorie der politischen Urteilskraft mittels einer Rekonstruktion und Neuinterpretation bestimmter Elemente aus Kants „Kritik der Urteilskraft“. Kant äußerte sich in seiner Schrift zwar über etwas anderes, nämlich das ästhetische oder Geschmacksurteil, aber dieses weist für Arendt erstaunliche Parallelen zum politischen Urteil auf. Das Ästhetische und das Politische hätten es nämlich

gleichermaßen mit Partikularität und Kontingenz zu tun. Ihre Beurteilung verlange folglich ein Vermögen, das diesen Anforderungen gerecht werde.

Bestimmendes und reflektierendes Urteilen

Unter Bezugnahme auf Kant stellt Arendt zwei Varianten des Urteilens vor, nämlich das bestimmende und das reflektierende Urteilen. Das bestimmende Urteilen besteht im Subsumieren des Einzelnen und Partikularen unter etwas Allgemeines und Universales. Bei diesem Urteilen wird also etwas Konkretes anhand vorgegebener universaler Maßstäbe oder Regeln gemessen und beurteilt. Die Maßstäbe selbst wie auch ihre Angemessenheit für das zu Messende stehen nicht mehr zur Diskussion. Ein solches Urteilen hat nach Arendt mehr mit einem schlussfolgernden als einem urteilenden Denken zu tun.

Ganz anders verhält es sich beim reflektierenden Urteilen. Hier gibt es keinen festen Maßstab, sondern nur Besonderes, also Partikulares und Kontingentes. Hier komme es darauf an, aus dem Besonderen etwas Allgemeines und Universales erst zu gewinnen. Dies geschehe mittels menschlicher Reflexion, die mit der Fähigkeit zu unterscheiden viel mehr zu tun habe als mit der Fähigkeit zu subsumieren. Beim maßstablosen Urteilen könne sich der Urteilende auf nichts anderes berufen als auf die Evidenz des Geurteilten selbst. Das Geurteilte habe folglich keinen Zwangscharakter. Es könne niemanden im Sinne eines logisch unausweichlichen Schlusses zur Zustimmung zwingen. Über das Geurteilte könne man aber übereinkommen (Arendt 2006, 55 ff.).

Die erweiterte Denkungsart

Mit der erweiterten Denkungsart greift Arendt einen weiteren Gedanken aus der „Kritik der Urteilskraft“ auf. Die erweiterte Denkungsart beruht auf der Einbildungskraft, die es dem Menschen ermöglicht, sich an die Stelle jedes anderen zu denken. Die erweiterte Denkungsart besteht also darin, die Subjektivität des eigenen Standortes zu transzendieren und durch das Einbeziehen möglichst vieler anderer Sichtweisen zu einem allgemeinen Standpunkt zu gelangen. Weil die erweiterte Denkungsart von den Beschränkungen und Umständen abstrahiere, die die eigene Sichtweise zufälligerweise prägten, sei sie eine unerlässliche Bedingung für ein akzeptables Urteil. Man könne ergänzend hinzufügen, dass

die erweiterte Denkungsart das Urteil von einer engen und strikten Parteilichkeit befreie (Arendt 1985, 60 f., 97).

Kontingenzen in der Politik

Arendt baut ihre Theorie der politischen Urteilskraft auf den Fundamenten des reflektierenden Urteilens und der erweiterten Denkungsart auf. Zunächst hält sie daran fest, dass der Bereich des Politischen nicht von Gesetzmäßigkeiten beherrscht ist, sondern von Kontingenzen (Arendt 1972, 63). Das bestimmende oder subsumierende Urteilen könne deshalb nicht geeignet sein, politische Handlungsprobleme zu lösen. Das große Gewicht des Besonderen in der Politik verbiete es geradezu, mit Hilfe von Deduktionen zu Urteilen zu gelangen (Arendt 1985, 14, 26). Das reflektierende Urteilen habe es jedoch mit der Schwierigkeit zu tun, das Besondere auf etwas Allgemeines oder Maßstäbliches beziehen zu können. Etwas Allgemeines werde aber benötigt, um den Wert des Besonderen zu bestimmen. Arendts Lösung besteht darin, Kants Antworten auf das Problem zu übernehmen. Das ist zum einen die Vorstellung der Humanität, das ist zum anderen der Gedanke der exemplarischen Gültigkeit des im Urteil Ausgesprochenen (Arendt 1985, 101 f.).

Repräsentativität

Wichtiger für die politische Urteilskraft ist jedoch die Berücksichtigung der erweiterten Denkungsart. Diese bewirkt nicht nur die Überwindung einer engen Parteilichkeit, sondern ist auch Ausdruck von Gemeinsinn und der Berücksichtigung gesellschaftlicher Repräsentativität. Arendt führt über diesen Zusammenhang aus, dass reflektiertes politisches Denken insofern repräsentativ ist, als das Denken anderer immer mit präsent ist. Man bilde sich eine Meinung oder ein Urteil, indem man sich die Standorte der Abwesenden vergegenwärtige und sie so mit repräsentierte. Bei diesem Bemühen gehe es aber nicht um Einfühlung oder gar Empathie und auch nicht darum, mit Hilfe der Vorstellungskraft irgendeine Majorität zu ermitteln und sich ihr dann anzuschließen. Denn diese Mehrheit könne korrupt sein. Vielmehr gelte es, mit Hilfe der Einbildungskraft einen Standort zu gewinnen, der nicht der eigene sei, und von diesem Standort die eigene Auffassung zu reflektieren: „Je mehr solcher Standorte ich in meinen eigenen Überlegungen

in Rechnung stellen kann, und je besser ich mir vorstellen kann, was ich denken und fühlen würde, wenn ich an der Stelle derer wäre, die dort stehen, desto besser ausgebildet ist dieses Vermögen der Einsicht – das die Griechen *phronesis*, die Lateiner *prudentia* und das Deutsch des 18. Jahrhunderts den Gemeinsinn nannten –, und desto qualifizierter wird schließlich das Ergebnis meiner Überlegungen, meine Meinung sein. [...] Natürlich kann man sich weigern, von diesem Vermögen Gebrauch zu machen und, im wahren Wortsinne, eigensinnig darauf bestehen, nichts und niemanden in Betracht zu ziehen als die eigenen Interessen oder die Interessen der Gruppe, zu der man gehört. Nichts ist in der Tat verbreiteter als Mangel an Einbildungs- und Urteilskraft, selbst bei hoch differenzierter Intelligenz. Das ändert aber nichts daran, dass die eigentliche Qualität einer Meinung wie auch eines Urteils durchaus von dem Grad der ‚erweiterten Denkungsart', der Unabhängigkeit von Interessen, abhängt" (Arendt 1972, 61 f.).

Orientierung in der Welt

Es gibt noch einen weiteren Akzent in Arendts Theorie der politischen Urteilskraft. Dieser Akzent betrifft die Beziehung des Urteils zur Wirklichkeit. Aufgabe der Urteilskraft ist es nämlich, Orientierung in der Welt zu ermöglichen. Ihr obliegt es, zwischen Fiktion und Realität, weiterhin zwischen Wirklichkeit und Einbildung oder Phantasie zu unterscheiden. Urteilskraft wird also benötigt, um zu sagen, was ist. Ein Versagen der Urteilskraft liegt nach Arendt dann vor, wenn die Unterscheidung zwischen Wirklichem und Unwirklichem ignoriert wird, wenn zwischen Wirklichem, das unterschieden ist, nicht mehr unterschieden wird, und wenn für eine Situation völlig nebensächliche oder isolierte Elemente anstelle des tatsächlich Wichtigen herausgehoben werden. Dies alles bedeutet, dass Arendt als politische Urteile auch Aussagen anerkennt, welche lediglich etwas feststellen (Hermenau 1999, 24 f.).

Hannah Arendt erwähnt, dass für Kant die Urteilskraft ein „besonderes Talent" darstellt, das nicht systematisch gelehrt, sondern nur geübt werden kann (Arendt 1985, 14). Sie ist ebenfalls dieser Auffassung, da es beim reflektierenden Urteilen über Politik immer um die Beschäftigung mit einem

Besonderen, nämlich mit einzelnen Geschehnissen, Fällen und Situationen, geht. Man könnte noch ergänzen, dass aufgrund des öffentlichen Charakters der Politik die Aneignung des Urteilsvermögens in Gemeinschaft mit Menschen erworben und erfahren wird und die Urteilskraft sich in der Praxis bewähren muss (Schmidt 2007, 78).

Benjamin Barbers „starke Demokratie"

4. Deutlich in den Denkbahnen Hannah Arendts verlaufen die Argumentationen Benjamin Barbers, die sich im Kontext der von ihm verfochtenen „starken Demokratie" auf die politische Urteilsbildung beziehen. Eine starke Demokratie ist für Barber gekennzeichnet durch das gemeinsame Sprechen der Bürger und durch einen endlosen Prozess der Beratung, der Entscheidung und des Handelns. Bei der politischen Urteilsfindung der Bürger spielten Wissenschaft und spekulative Philosophie als Modelle für politisches Schlussfolgern keine Rolle. Das in Urteile eingespeiste politische Wissen sei vielmehr immer vorläufig und wandelbar. Deshalb gälten die vom politischen Urteil hervorgebrachten Normen auch nur vorläufig. Ihre Vorläufigkeit hänge zusätzlich damit zusammen, dass sie einem gemeinsamen Willen entsprängen, der selbst vorläufig und ständigen Korrekturen unterworfen sei (Barber 1994, 127, 147, 163).

Eine starke Demokratie erlaube die Artikulation von Privatinteressen. Sie verlange aber auch politische Urteile, die mehr beinhalteten als die Sicherung privater Belange. Erforderlich sei deshalb die Entwicklung eines politischen Bewusstseins, welches „das Verständnis und die Sympathien von Individuen, die aus Eigeninteresse handeln, erweitert und sie zu Bürgern macht, die sich selbst und ihre Interessen anhand neuer gemeinschaftlicher Normen und neu vorgestellter öffentlicher Güter einer Überprüfung zu unterziehen in der Lage sind" (Barber 1994, 167). Letztlich sei eine Bürgerschaft zu schaffen, „die zu echtem öffentlichen Denken und politischem Urteil fähig, somit auch in der Lage ist, eine gemeinsame Zukunft im Hinblick auf wirkliche gemeinsame Güter vorzustellen" (Barber 1994, 204).

Gemeinsame Güter

Ganz offensichtlich vertritt Barber zum einen eine gegen die Dominanz individueller Interessen gerichtete Theorie

der politischen Urteilskraft. Ebenso offensichtlich vertritt er zum anderen eine Demokratieauffassung, deren herausgehobenes Kennzeichen das die politische Urteilskraft stärkende anhaltende Gespräch ist. In der starken Demokratie ist Politik die Transformation von Interessen in öffentliche Anliegen, über die kollektiv mittels öffentlicher Dialoge geurteilt wird. „Gerade weil es kein philosophisch als ‚richtig' zu ermittelndes Urteil auf drängende politische Fragen gibt, ist die Qualität des politischen Urteilens angewiesen auf die Einbeziehung möglichst vieler divergenter Perspektiven." Aus dieser kommunikativen Infrastruktur erwachsen für Barber qualitative Mindestanforderungen für politische Urteile. Zu diesen Anforderungen gehören die Fähigkeit der Bürger zur Selbstreflexion und ihr Wille, ihre Interessen neu zu formulieren. Erst diese Standards ermöglichen es, politische Urteile von Vorurteilen zu unterscheiden (Buchstein/Schmalz-Bruns 1994, 315 f., 318).

Politisches Urteilen als Kunst

5. Hannah Arendt und damit indirekt Aristoteles und Kant prägen weitgehend das von der gegenwärtigen Politikwissenschaft vertretene Verständnis des politischen Urteilens. So geht die Politikwissenschaft davon aus, dass das politische Urteilen eine Kunst und keine Wissenschaft ist. Sie geht weiterhin davon aus, dass wissenschaftliche Anstrengungen nicht ausreichen, politische Lagen angemessen zu erfassen und eigene Handlungsoptionen vernünftig zu beurteilen. Sie konzediert allenfalls, dass die Wissenschaft dabei helfen kann, die günstigste Option zu wählen. Ferner betont sie, dass die Urteilsfähigkeit nicht systematisch gelehrt, sondern nur geübt werden kann. Geübt werden kann aber auch nur das Schärfen der Wahrnehmung für die jeweiligen Situationsdeutungen und Lösungsmöglichkeiten. Die Kontingenz der Politik verbietet es jedenfalls, „Gesetze" des richtigen politischen Urteilens aufzustellen (Bredow/Noetzel 2009, 15).

Zusammenfassend ergibt sich bezüglich des dem Bürger zuzumutenden Urteilsvermögens: „Politische Urteilskraft ist die quantitativ nicht exakt ermittelbare Fähigkeit eines Menschen, politische Sachverhalte möglichst angemessen

in ihren allgemeinen Aspekten und in ihren Auswirkungen auf sein eigenes Leben zu erkennen, entsprechende Schlussfolgerungen aus dieser Lageanalyse zu ziehen und, wenn es denn nötig wird, sein eigenes Handeln danach auszurichten" (Bredow/Noetzel 2009, 11).

2.2 Das politische Urteilen in psychologischer Perspektive

1. Das politische Urteilen stellt hohe kognitive Anforderungen. Ein wichtiger Grund hierfür liegt darin, dass der Gegenstandsbereich Politik den Bürgern in einer repräsentativen Demokratie nicht unmittelbar zugänglich ist. Denn die Politik wird im Wesentlichen von den Repräsentanten verhandelt.

Der Zeichencharakter der Politik

Der Politik fehlt weiterhin die sinnliche Anschaulichkeit. Denn sie besteht vor allem aus symbolisch vermittelten Zeichen unterschiedlichen Präzisionsgrades. Politische Zeichen sind nicht nur politikwissenschaftlich definierte Begriffe mit exakten Bedeutungen, sondern auch umgangssprachliche politische Vokabeln, metaphorische Redeweisen sowie hochgradig affektive Begriffe aus der politischen Kampfsprache. Politik ist also in mehrfacher Hinsicht eine sekundäre Wirklichkeit (Witzani 1980, 253 ff.).

Eine nicht zu unterschätzende Schwierigkeit des politischen Urteilens besteht mithin bereits in der angemessenen Erfassung des zu beurteilenden politischen Gegenstandes. Denn er ist im Unterschied zu naturwissenschaftlichen Gegenständen nicht sachlich präsent, sondern durch Zeichen vermittelt. Er ist auch nicht klar von seiner Umgebung abgrenzbar, und ihm fehlt nicht selten ebenfalls sachliche Eindeutigkeit. Weiterhin gibt es in der Welt des Politischen zwar Regeln, diese treffen häufig aber im entscheidenden Moment gerade nicht zu (Witzani 1980, 381 f.).

Die kognitionspsychologischen Annahmen Hans Aeblis sind bis heute geeignet, sich eine angemessene Vorstellung von den Herausforderungen des politischen Urteilsprozesses zu machen. Aebli identifiziert insgesamt sechs Faktoren, die eine kognitive Operation entweder erschweren oder erleichtern.

Die Anzahl der Elemente im Gegenstand bilden den ersten Faktor. Je größer die Zahl der Teile im Gegenstand, desto schwerer ist es, mit ihnen zu operieren. Offenbar muss bei einem vielteiligen Gegenstand eine größere Anzahl von Beziehungen im Kopf behalten werden, wenn eine Lösung gelingen soll.

Anzahl der Elemente

Die Komplexität des Gegenstandes ist der zweite Faktor. Die Komplexität bezieht sich auf die Art der Relationen zwischen den einzelnen Elementen des Gegenstandes. Einfach sind Konjunktionen und die Disjunktionen. Schwieriger verhält es sich mit temporalen, kausalen, konditionalen und konzessiven Beziehungen. Die Schwierigkeit erhöht sich noch, wenn es sich um Beziehungen zwischen unabhängigen und abhängigen Variablen handelt.

Komplexität des Gegenstandes

Die Anschaulichkeit des Gegenstandes bildet den dritten Faktor. Sinnliche Anschaulichkeit erleichtert die Identifizierbarkeit von Sachverhalten. Umgekehrt steigt mit der Unanschaulichkeit des Gegenstandes der Schwierigkeitsgrad der darauf bezogenen Operation.

Anschaulichkeit

Der vierte Faktor besteht in den Lernchancen des Wiederholens. Was mehrfach wiederholt worden ist, bleibt haften und erleichtert jede zukünftige Operation der betreffenden Art.

Wiederholungen

Der fünfte Faktor besteht in der für eine kognitive Operation zur Verfügung stehenden Zeit. Je länger diese Zeit ist, desto mehr Gelegenheit erhält der Urteilende zum Nachdenken und zur Aktivierung seines Vorstellungsvermögens und desto besser bewältigt er die Operation.

Zeit

Der sechste Faktor ist die Motivation des Urteilenden. Die Motivation ist abhängig von der Art des Gegenstandes und von den Erfahrungen des Subjekts mit der betreffenden Operation. Je höher die Motivation ist, desto besser ist die Qualität der Operation (Aebli 1968, 47 ff.).

Motivation

Man kann zusammenfassen: Der Schwierigkeitsgrad einer kognitiven Operation ist proportional zur Zahl der im Gegenstand enthaltenen Elemente sowie zur Komplexität des Gegenstandes. Er ist umgekehrt proportional zur Anschaulichkeit, zur Lernmöglichkeit durch Wiederholungen, zur eingeräumten Zeit sowie zur Motivation. Gemessen

an den drei ersten Faktoren weisen Urteile, die sich auf die Makropolitik beziehen, einen hohen Schwierigkeitsgrad auf: Die Zahl der zu berücksichtigenden Elemente ist hoch, die Relationen zwischen den Elementen sind komplex, und die zu beurteilende Materie ist häufig unanschaulich.

Bei der Vermittlung der politischen Urteilsfähigkeit ist folglich zu beachten, wie viele Elemente eines Gegenstandes Lernende zu unterscheiden und welche Relationen sie im Gegenstand zu identifizieren vermögen. Es ist weiterhin zu beachten, nach welchen Deutungsmustern sie den Gegenstand interpretieren und wie sie das Unanschaulich-Abstrakte des Gegenstandes mit konkreten Erscheinungen in Beziehung setzen. Es liegt auf der Hand, dass dies von der erreichten Altersstufe abhängig ist.

Reduktionsformen der politischen Urteilskraft

2. Es gibt typische Reduktionsformen der politischen Urteilskraft. Sie hängen mit der kognitiven Entwicklung der Lernenden zusammen. Unterscheiden lassen sich eine horizontale, eine epistemische und eine moralische Reduktion.

Horizontale Reduktion

Die horizontale Reduktion besteht in der Verarbeitung von Phänomenen der politischen Wirklichkeit nach Maßgabe von Mustern der subjektiven Erfahrungswelt. Letztere weist jedoch keine Kongruenz mit dem Wirklichkeitsbereich Politik auf. Beispielhaft hierfür ist die dem kindlichen Erfahrungshorizont entsprechende Modellierung des Staates nach dem Muster der Familie. Bei der horizontalen Reduktion liegt also ein Missverhältnis zwischen dem subjektiven Deutungsmuster und der Struktur des Objektbereichs vor.

Epistemische Reduktion

Die epistemische Reduktion beruht auf falschen Vorstellungen über den Zusammenhang der politischen Zeichen mit der durch sie bezeichneten Realität. So wird der Unterschied zwischen der Repräsentation des Politischen in Texten und der politischen Wirklichkeit aus den Augen verloren. Oder es mangelt an Einsicht in die Kontingenz, also in die Unvorhersehbarkeit des Politischen, weil das Politische gerne substantialisiert wird. Oder es wird die politische Idee oder Absicht als politische Wirklichkeit genommen.

Die moralische Reduktion bricht die Informationsverarbei-

tung an einer willkürlichen Stelle ab und gibt eine moralische Bewertung, die von einem extremen ethischen Relativismus bis zu einem sich absolut gebenden ethischen Rigorismus reicht (Witzani 1980, 327 ff.).

Moralische Reduktion

3. Sofern sich Urteile auf politische Entscheidungssituationen beziehen, müssen sie den Besonderheiten dieser Situationen Beachtung schenken. Politische Entscheidungssituationen machen deutlich, dass die Politik mit der Bewältigung von Problemen in komplexen, vernetzten, intransparenten und dynamischen Situationen konfrontiert ist. Die Situationen sind komplex und vernetzt, da in ihnen viele Variablen involviert sind, die aufeinander einwirken, so dass es kaum möglich ist, sie isoliert zu beeinflussen. Wer entscheidet, muss also mit Nebenwirkungen verschiedenster Art und Stärke rechnen. Die Situationen sind intransparent, da viele Variablen nur schwer oder gar nicht identifizierbar sind. Die über manche Variablen vorliegenden Informationen sind möglicherweise falsch. Weiterhin sind die Situationen dynamisch, d.h., sie verändern sich während des Analyse-, Urteils- und Entscheidungsvorganges, wobei die Veränderungsrichtung offen, also nicht berechenbar ist (Dörner 2004, 58 ff.).

Merkmale politischer Entscheidungssituationen

Häufig ist es auch noch so, dass politische Entscheidungssituationen polytelisch strukturiert sind. Das heißt, dass die betreffende Entscheidung mehrere Ziele zu verwirklichen sucht. Schwierig ist dieses Unterfangen dann, wenn das Verhältnis der Ziele kontradiktorisch ist oder wenn der Urteilende das Verhältnis der Ziele zueinander gar nicht oder nur ungenau kennt (Dörner/Kreuzig/Reither/Stäudel 1983, 21). Wer politisch urteilt, vollzieht also einen denkerischen Akt unter den Bedingungen von Unsicherheit.

Polytelie

Eine weitere Besonderheit politischer Entscheidungslagen ist ihr dialektischer Charakter. Damit ist gemeint, dass politische Entscheidungen fast immer gegensätzliche Positionen zum Ausgleich zu bringen haben. Diese Gegensätze sind mit den Mitteln der Logik nicht aufhebbar, d.h., mit einer einseitigen Entscheidung findet das betreffende Problem keine angemessene Lösung. Die Lösung liegt vielmehr im

Dialektischer Charakter

Sinne der Hegel'schen Dialektik in der Synthese, also in der Herausarbeitung und Modifizierung der sich entgegenstehenden Positionen. Politische Urteilsfähigkeit erfordert mithin dialektisches Denken. Ein solches Denken akzeptiert gegensätzliche Auffassungen als kontrovers und versucht, sie miteinander in Einklang zu bringen.

Politische Lagen sind also extrem anspruchsvoll. Menschen neigen demgegenüber dazu, statische Zustandsbetrachtungen, monokausale Wirkungsketten und Analogieschlüsse aufgrund subjektiver Einzelerfahrungen zu verwenden. Erschwerend bei der Bearbeitung politischer Probleme kommt hinzu, dass Lösungen häufig unter Zeitdruck gefunden werden müssen.

Zeitdruck

Zeitdruck hat bei Urteilenden nicht selten mangelnde Informationsaufnahme und -verarbeitung sowie eine rigide Problemverarbeitung zur Folge (Brander/Kompa/Peltzer 1989, 201 f.).

Unsicherheit

Entscheidungen finden in der Politik in der Regel unter Unsicherheit statt. Das heißt, dass für den Entscheidenden die möglichen Konsequenzen der Optionen unsicher sind, weil die Konsequenzen nicht nur von ihm, sondern auch von anderen, von ihm nicht kontrollierbaren Ereignissen abhängig sind. Die Unsicherheit kann sich auf verschiedene Dinge beziehen: Auf Ereignisse und Zustände, auf Tatsachen und Informationen, auf Argumente und Gründe, auf Ziele und Werte und sogar auf den Grad der Unsicherheit selbst.

Weiterhin sind in vielen Entscheidungssituationen die Präferenzen nicht von vornherein gegeben. Sie werden oft erst in Abhängigkeit von einer Vielzahl von Faktoren gebildet. Das Entscheidungsverhalten ist dann kontingent, d.h. bedingungsabhängig (Jungermann/Pfister/Fischer 1998, 138, 142 f., 254).

Bewerten von Handlungsoptionen

4. Wer ein politisches Entscheidungsurteil fällt, muss sich Klarheit über eine Reihe von Entscheidungskomponenten verschaffen. Als Erstes gilt es, einen Überblick über mögliche Handlungsoptionen zu gewinnen. Um die Optionen bewerten zu können, benötigt man zweitens Kenntnisse oder zumindest Vorstellungen über die mit ihnen verbundenen Konsequenzen. Die Konsequenzen werden mit einem subjek-

tiven Wert versehen, der den Nutzen der Konsequenz für den Urteilenden ausdrückt. Wird nur eine Konsequenz bewertet, spricht man von einem evaluativen Urteil. Werden mehrere Konsequenzen miteinander verglichen, wird ein präferentielles Urteil abgegeben, indem der relative Nutzen der jeweiligen Konsequenzen zum Ausdruck gebracht wird. Schließlich ist es notwendig, Ziele für das eigene Handeln zu entwickeln. Denn ohne Ziele fehlen Kriterien für eine Wahl zwischen Optionen (Jungermann/Pfister/Fischer 1998, 17 ff., 46).

Evaluatives und präferentielles Wissen

Ein häufig auftretendes Problem beim Fällen von Entscheidungsurteilen besteht darin, dass zu wenige Informationen über den vom Urteil betroffenen Realitätsbereich vorliegen. Um in dieser Situation eine rationale Entscheidung treffen zu können, muss der unbekannte Realitätsbereich zunächst strukturiert werden. Dies kann im einfachen Fall dadurch geschehen, dass man Informationen sammelt. Sind jedoch keine Informationen abrufbar, muss man auf dem Wege der Analogiebildung Hypothesen über den betreffenden Realitätsausschnitt bilden. Das bedeutet, dass man die Struktur eines bekannten Realitätsbereichs auf den vorliegenden unbekannten überträgt, sofern dieser dem anderen in gewisser Hinsicht ähnlich ist.

Problem mangelnder Informationen

Um der Komplexität politischer Entscheidungssituationen zu begegnen, muss der Urteilende zweierlei tun: Er muss die Informationen verarbeiten, und er muss Schwerpunkte bilden. Das verlangt, die Relevanz der verschiedenen Informationen für das eigene Handeln zu bewerten und daraus Schlüsse für den weiteren Denkprozess zu ziehen. Die Relevanz hängt ab von den Kriterien der Wichtigkeit und Dringlichkeit (Dörner/Kreuzig/Reither/Stäudel 1983, 39 f., 44 f.).

Abschätzung der Relevanz von Informationen

Die mit einem Urteil abzuschließenden Entscheidungssituationen weisen unterschiedliche Schwierigkeitsgrade auf.

Entscheidungen unter Sicherheit

Am einfachsten zu fällen ist eine Entscheidung unter Sicherheit. Der Urteilende verfügt über eine vollständige Liste aller möglichen Alternativen und ihrer Konsequenzen. Ihm sind nicht nur alle Alternativen, sondern auch deren jeweiligen Konsequenzen bekannt. Auch sind seine Präferenzen eindeutig und konstant.

Anspruchsvoller ist die Entscheidung unter Risiko. Hier liegen zwar Alternativen, das Wissen um ihre Konsequenzen und auch eine Präferenzordnung vor, aber in Abhängigkeit von eintretenden Umweltereignissen sind die jeweiligen Konsequenzen unterschiedlich wahrscheinlich. Bei der Entscheidung muss also die Wahrscheinlichkeit der einzelnen zukünftigen Ereignisse mitberücksichtigt werden.

Entscheidungen unter Risiko

Am schwierigsten zu bewältigen sind Entscheidungsurteile unter Unsicherheit: Hier kennt der Urteilende zwar die Alternativen und deren Konsequenzen. Er ist sich auch über seine Präferenzen im Klaren. Es gibt jedoch keine Informationen über die Wahrscheinlichkeit für das Auftreten von Umweltereignissen. Und es liegen auch keine Informationen über die mit den Umweltereignissen verbundenen Konsequenzen vor (Dörner/Kreuzig/Reither/Stäudel 1983, 55 f.).

Entscheidungen unter Unsicherheit

Schließlich können Art und Umfang des kognitiven Aufwandes von Entscheidungsurteilen sehr unterschiedlich sein.

Routinisierte Entscheidungen

Von routinisierten Entscheidungen lässt sich sprechen, wenn die möglichen Optionen stets gleich sind. Das gespeicherte Entscheidungsschema kann aktiviert und die gewohnte Wahl getroffen werden. Der kognitive Aufwand ist gering.

Reflektierte Entscheidungen

Reflektierte Entscheidungen liegen vor, wenn es keine abrufbaren Präferenzen für die Optionen gibt. Der Urteilende ist in dieser Situation gehalten, explizit über seine Präferenzen nachzudenken. Er muss unter Umständen sogar zuerst Informationen suchen, um Präferenzen bilden zu können. Der kognitive Aufwand ist hoch.

Konstruktive Entscheidungen

Konstruktive Entscheidungen verlangen den höchsten kognitiven Aufwand. Die Optionen sind hier nämlich entweder nicht vorgegeben oder nicht hinreichend genau definiert. Auch sind die als Urteilsmaßstäbe dienenden Werte unklar oder müssen erst generiert werden (Jungermann/Pfister/Fischer 1998, 29 f., 32 f.).

Experten

5. Die Qualität eines Urteils hängt erheblich vom vorhandenen Wissen ab. Hinsichtlich des verfügbaren Wissens und der darauf aufbauenden kognitiven Fähigkeiten lassen sich Experten und Novizen unterscheiden. Experten verfügen im

Gegensatz zu Novizen über umfangreiche fachgebundene Kenntnisse. Gerade im unübersichtlichen und vernetzten Feld der Politik ist Wissen wichtig, um Erfolg versprechende Denkbahnen einschlagen zu können.

Experten und Novizen unterscheiden sich bei der Bewältigung von Entscheidungssituationen. Im Vergleich zu Novizen wenden Experten eindeutig mehr Zeit auf, um sich mit den Gegebenheiten einer schwierigen Problemsituation zunächst einmal vertraut zu machen. Sie tun dies, indem sie sich die relevanten Aspekte der Problemsituation gedanklich vergegenwärtigen. Sie berücksichtigen außerdem weitaus mehr Umstände, als dies Novizen tun. Ferner erkennen sie schnell relevante Merkmale. Experten führen auch häufig einen inneren Dialog mit dem, was sie bereits wissen, und mit den Gegebenheiten der vorliegenden Situation. Weiterhin nehmen sie sich Zeit, um sich Klarheit darüber zu verschaffen, was erreicht werden soll. Schließlich sind Experten in der Lage, geeignete mentale Schemata (Heurismen, Algorithmen) aufzurufen. Aus diesen Schemata lesen sie ab, wie sich Wege zur Lösung finden lassen (Mietzel 2003, 278 ff.).

Novizen

Novizen fehlt die Sicherheit und die Erfahrung der Experten. So analysieren sie die jeweiligen Umstände eher ungenau. Auch sind sie häufig nur schlecht in der Lage, die Vielzahl von relevanten Variablen eines komplexen Problems zu überblicken und deren gegenseitige Abhängigkeiten und Bedingungen zu berücksichtigen. Stattdessen denken sie linear in einfachen Ursache-Wirkungs-Ketten. Weiterhin neigen sie dazu, von Aspekt zu Aspekt zu vagabundieren und sich an einem irrelevanten, aber für sie leicht zugänglichen thematischen Aspekt festzuhalten. Sie bieten manchmal schon Lösungsvorschläge an, bevor sie die Problemsituation hinreichend verstanden haben. Ebenso tendieren sie zu Ad-hoc-Entschlüssen (Hussy 1998, 144 ff.).

6. Unter Rückgriff auf Erkenntnisse der Entwicklungspsychologie und der pädagogischen Psychologie lässt sich über die Entwicklung der politischen Urteilskompetenz das Folgende sagen:

Grundschulkinder

Bereits Grundschulkinder besitzen ein Gefüge von Orientierungen, mit denen sie die politische Welt strukturieren. Vor allem die älteren Grundschulkinder, d.h. die Neun- und Zehnjährigen, nähern sich einem angemessenen Verständnis der konkreten Gesellschaft. Zwar behandeln sie politische Fragen stark vor dem Hintergrund kindlicher Erfahrungen und Herangehensweisen, es sind aber problemorientierte Gespräche über Themen aus Politik und Gesellschaft grundsätzlich möglich. In solchen Gesprächen zeigt sich, dass Kinder fremde und eigene Positionen vertreten können. Sie äußern eigene Meinungen und versuchen, sie zu begründen. Man wird von rudimentären Formen eines politischen Urteils sprechen können (Richter 1999, 137).

Interpersonaler Deutungsraum

Neuere Forschungen zur Entwicklung des moralischen Urteils zeigen, dass sich bei den Menschen zwei unterschiedlich komplexe Deutungsräume politisch-sozialer Realität feststellen lassen, nämlich zum einen ein interpersonaler und zum anderen ein transpersonaler Raum. Dabei geht das interpersonale Denken dem transpersonalen Denken ontogenetisch voraus.

Transpersonaler Deutungsraum

Der interpersonale Deutungsraum ist dadurch gekennzeichnet, dass das Individuum die soziale Welt sehr konkret, d.h. durch konkret handelnde Personen versteht. Der transpersonale Deutungsraum besteht hingegen aus Rollen und Positionen, d.h. aus funktionalen Strukturen in der Gesellschaft, die von konkret handelnden Personen ablösbar sind. Das transpersonale Denkniveau bildet die Voraussetzung für die Rekonstruktion komplexer gesellschaftlicher Funktionen und Institutionen (Eckensberger 2002, 105).

Sekundarstufenschüler

Nimmt man die These von den beiden Deutungsräumen auf und setzt sie in Beziehung zum politischen Urteilen, dann erscheint es plausibel anzunehmen, dass politische Urteile in der Primarstufe interpersonell und in den Sekundarstufen transpersonell geprägt sind. In der Primarstufe dürften die politischen Urteile vermutlich aus der Betroffenenperspektive gefällt werden. In den Sekundarstufen müssten dagegen die Akteursperspektive und zunehmend die Perspektive des politischen Systems bzw. der Weltbürgerschaft die Urteile prägen.

2.3 Das politische Urteilen in politikdidaktischer Perspektive

1. Die Politikdidaktik hat sich intensiv mit der politischen Urteilsfähigkeit auseinandergesetzt. Sie hat als Ergebnis dieser Auseinandersetzung die Urteilsfähigkeit mit einer Vielzahl kategorialer Bestimmungen versehen. Hinsichtlich einiger Bestimmungen gibt es allerdings differierende Auffassungen.

Urteilskraft als Voraussetzung mündigen Handelns

2. Es herrscht Konsens darüber, dass jeder Mensch ein gewisses Maß an Urteilskraft benötigt, um sich überhaupt orientieren zu können. Die Urteilskraft ist sogar eine Art zentraler Fiktion aller modernen Gesellschaften. Denn es wird kein Vertrag geschlossen, keine Wahl abgehalten, kein Gerichtsverfahren durchgeführt, ohne dass nicht implizit immer schon die Urteilsfähigkeit der Beteiligten unterstellt würde (Hermenau 1999, 9 f.). So wundert es nicht, dass sich seit Jahrzehnten Politikwissenschaftler und Politikdidaktiker einig darin sind, dass die Bürger über politische Urteilsfähigkeit verfügen müssen (Bergstraesser 1957, 560; Hennis 1968, 209 f., 222; Hättich 1977, 17; Hilligen 1985, 203 ff.; Sutor 1984, 46 ff.). Vereinzelt wird von Seiten der Politikdidaktik allerdings skeptisch eingewendet, dass die politische Urteilsfähigkeit zwar fest im politikwissenschaftlichen und politikdidaktischen Denken verwurzelt sei, dass dies aber nicht für die Alltagspraxis in den Schulen gelte (Klee 2008, 267).

Politische Urteilsfähigkeit ist gleichwohl notwendig für das Individuum. Denn das Individuum hat einen Anspruch darauf, kognitiv-rational auf die Politik reagieren und ebenso rational in der Politik agieren zu können. Urteilsfähigkeit ist weiterhin notwendig für das Zusammenleben der Menschen in einer demokratischen Gesellschaft: Der Wahlakt macht deutlich, dass jeder Bürger von jedem anderen Bürger, d.h. von dessen politischer Vernünftigkeit, abhängt. Und sie ist notwendig für den demokratischen Staat: Denn dieser ist um seiner Erhaltung willen darauf angewiesen, dass seine Bürger möglichst kompetent über Politik urteilen.

Am offensichtlichsten wird das Erfordernis der Urteils-

Wählen heißt urteilen

fähigkeit beim Wählen. Als Wähler wird der Bürger dazu aufgefordert, ein Urteil über die Kompetenz von Parteien zur Lösung schwieriger Sachprobleme abzugeben. Dies ist nicht möglich, wenn er die Sachverhalte nicht wenigstens so weit kennt, dass er haltlose Versprechungen von sorgfältig erarbeiteten Problemlösungsstrategien unterscheiden kann (Grosser 1987, 165).

Zu den kognitiven Kompetenzen des Bürgers gehört daher ein auf sachlichen Urteilen fußendes Wissen. Zu seinen prozeduralen Kompetenzen zählt die Fähigkeit, das Handeln politischer Amtsinhaber auf der Basis von Maßstäben beurteilen zu können. Zu seinen habituellen Dispositionen oder Tugenden gehört die Bereitschaft, politische Entscheidungen vor einem längerfristigen Zeithorizont zu evaluieren, d.h. zu beurteilen (Buchstein 1996, 302 f.).

Politische Rationalität

3. Viel Aufmerksamkeit hat die Politikdidaktik der inhaltlichen Qualität des politischen Urteils gewidmet. Den Kern dieser Qualität bildet die im Urteil enthaltene politische Rationalität. Die Rationalität ist deshalb von zentraler Bedeutung, weil der Urteilende seinen Standpunkt oder seine Entscheidung diskursiv begründen können muss. Er muss seine Auffassung im Dialog erörtern und rechtfertigen können (Massing 2003, 94). Eine solche Begründung ist aber nur auf der Basis sachlicher, d.h. zum einen politikspezifischer und zum anderen kommunizierbarer Gründe möglich. Da auch politische Handlungsweisen und politische Entscheidungen nach den Kriterien politischer Rationalität bewertet werden, spricht alles dafür, diese Kriterien auch auf das politische Urteil anzuwenden (Massing 1997, 120).

Die politische Rationalität setzt sich aus zwei Rationalitäten zusammen, nämlich der Zweck- und der Wertrationalität. Beide Rationalitäten müssen beim Urteilsvorgang in der einen oder anderen Gewichtung zur Geltung kommen. Denn dies ist auch der Fall bei politischen Entscheidungen, die subjektiv anerkannt werden und zugleich objektiv akzeptabel sind.

Zweckrationalität

Die Zweckrationalität meint eine optimale Relation zwischen einem beliebig gesetzten politischen Zweck und den zu

seiner Verwirklichung eingesetzten Mitteln. Zweckrationalität ist folglich weitgehend identisch mit Effizienz. Effizienz lässt sich übersetzen als Wirksamkeit, Ergiebigkeit und Schnelligkeit. An der Effizienz ihres politischen Handelns werden die politischen Akteure vorzugsweise gemessen. Über die moralische Qualität und damit über den humanen Charakter der Politik sagt die zweckrationale Effizienz jedoch nichts aus.

Wertrationalität

Die moralische Qualität der Politik wird von der Wertrationalität repräsentiert. Wertrational ist dasjenige politische Handeln, das sich an anerkennungswürdigen Werten orientiert. Solche Werte vermögen das betreffende Handeln nämlich zu rechtfertigen, d.h. zu legitimieren. Legitimierende Werte müssen universalisierbar sein, d.h. jedermanns Zustimmung finden können. Zu diesen Werten gehören die Menschenwürde, Freiheit und Gleichheit sowie Gerechtigkeit und Frieden. Ein weiterer wichtiger politischer Wert ist die Partizipation der Entscheidungsbetroffenen an den Entscheidungen. Partizipation drückt aus, dass die Menschen Subjekte, nicht Objekte ihrer Verhältnisse sind. Eine ähnliche Bedeutung kommt der Transparenz zu, d.h. der Öffentlichkeit des politischen Prozesses. Eine Politik, die den genannten Werten folgt, genießt Legitimität. Legitimität ist das zweite wichtige Beurteilungskriterium für die Politik (Massing 1997, 121).

Die relativ offen gehaltene Verhältnisbestimmung von Zweck- und Wertrationalität hat Widerspruch hervorgerufen. Das kritische Argument zielt darauf ab, das durch zweckrationales Denken gekennzeichnete Urteilen zu überwinden. Denn die Zweckrationalität verhindere, dass das dadurch geprägte Urteil anerkennungswürdig sei. Zweck- und Wertrationalität ließen sich jedenfalls nicht einfach je nach den subjektiven Vorlieben willkürlich zu einem politischen Urteil verrechnen (Juchler 2005, 125).

Berechtigung von Irrationalität?

Ein anderer Einspruch richtet sich gegen die enge Bindung des Urteilens an das Kriterium der Rationalität. Denn diese Bindung bedeute, dass der Urteilende sich von lebensweltlichen Wahrnehmungsmustern distanzieren müsse und dass emotionale und irrationale Elemente der Urteilskraft abgewertet würden. Irrationale Zugänge spielten beim Urteilslernen

aber durchaus eine Rolle, denn die Menschen hätten nun einmal eine sinnlich-emotionale und eine körperliche Seite. Werde dies vergessen, komme es zu einer unangemessenen Rationalisierung, welche Emotionen und gefühlsmäßige Ambivalenzen ignoriere. Daher dürfe es nicht die Zielsetzung des politischen Urteilslernens sein, jegliche Irrationalität zu überwinden. Es komme darauf an, die Fähigkeit zu vermitteln, zwischen Rationalität und anderen Faktoren zu unterscheiden (Klee 2008, 107 f.).

Muliti-perspektivität

4. Eine Besonderheit der Politik ist der Sachverhalt, dass man sie multiperspektivisch beurteilen kann. Man kann politische Gegebenheiten nämlich aus der Sicht von Betroffenen beurteilen, und dies noch differenziert nach den sozialen Lagen und den politischen Einstellungen verschiedener Gruppen von Betroffenen. Man kann sie auch aus der Sicht (partei)-politischer Akteure beurteilen, und dies ebenfalls differenziert, nämlich nach Regierenden und Opponierenden. Bei Betroffenen wie bei Akteuren mischen sich eigennützige Überlegungen mit Gemeinwohlüberlegungen. Schließlich gibt es noch die übergreifende Perspektive des politischen Systems. Diese Perspektive könnte man auch die des idealen Staatsbürgers nennen, dem es nicht um eigene Vorteile, sondern nur um das Gedeihen des Gemeinwesens geht. Maßgebliche Urteilskriterien sind hier die Erhaltung der Systemstabilität und die Verwirklichung eines tragfähigen Gemeinwohls (Detjen 2007, 233).

Die rationale politische Urteilsfähigkeit schließt mithin ein Wissen davon ein, dass Urteile perspektivenabhängig sind und sich deshalb unterscheiden können. Rationalität bedeutet also nicht, dass gefällte politische Urteile übereinstimmen müssen. Allerdings spricht viel dafür, die Perspektive des idealen Staatsbürgers höher einzuschätzen als die jeweils partikularen Perspektiven verschiedener Gruppen von Betroffenen und Akteuren.

Gegen die Zulässigkeit verschiedener Urteilsperspektiven gibt es den Einwand, dass auf diese Weise der Unterschied zwischen rationalen und vernünftigen Urteilen verwischt

werde. Rationale Urteile bezögen sich auf das kalkulierende Eigeninteresse auf der Basis persönlicher Wertevorstellungen. Sie seien mithin partikular. Partikulare Urteile könne man nicht als echte politische Urteile bezeichnen. Vernünftige Urteile qualifizierten sich demgegenüber durch die Berücksichtigung der Interessen anderer Individuen sowie allgemein anerkannter politischer Werte. Vernünftige Urteile praktizierten die erweiterte Denkungsart. Nur sie erlaubten dem Individuum die Bildung eines öffentlichen, den Gemeinsinn ermöglichenden politischen Urteils (Juchler 2005, 127, 136).

Berechtigung partikularer Urteile?

Weiterhin sei die Beschränkung der Urteilsperspektive auf das politische System, mithin auf den Nationalstaat, nicht plausibel. Das politische Urteil bleibe dadurch politisch partikular, nämlich auf das Wohl des eigenen Gemeinwesens fixiert. Mit Hilfe der erweiterten Denkungsart sei der Einzelne aber in der Lage, auch die Position von Menschen anderer Länder in die politische Überlegung einzubeziehen. Diese Denkungsart könne sogar den Standpunkt eines Weltbetrachters oder Weltbürgers einnehmen. Um ein nationalstaatlich verengtes politisches Denken zu überwinden, sei es jedenfalls erstrebenswert, eine transnationale politische Urteilskraft zu fördern (Juchler 2005, 144 ff.).

Transnationale politische Urteilskraft

5. Die Politikdidaktik hat den komplexen Urteilsvorgang in seine Bestandteile zergliedert, um Aufschluss über die mit dem Urteilen verbundenen kognitiven Anforderungen zu gewinnen. Sie hat herausgestellt, dass das Urteilen aus drei im Schwierigkeitsgrad ansteigenden Teilschritten besteht, nämlich der Vergegenwärtigung, der Analyse und der Urteilsfindung. Die erfolgreiche Bewältigung des vorhergehenden Schrittes bildet die Voraussetzung für das Gelingen des nachfolgenden Schrittes (GPJE 2004, 30).

Die Vergegenwärtigung besteht in einer beschreibenden Wiedergabe des jeweiligen Urteilsgegenstandes. Vergegenwärtigen bedeutet im Kern, den Gegenstand in seiner Struktur zu erfassen, was voraussetzt, die einzelnen Aspekte des Gegenstandes identifizieren zu können. Obwohl das Vergegenwärtigen im Grunde eine rein reproduktive Tätigkeit ist, verlangt

Vergegenwärtigung

es eine erhebliche kognitive Anstrengung und Konzentration. Denn es muss das Wesentliche der zur beurteilenden Sache getroffen werden. Da Politik fast immer symbolisch in Form von Texten repräsentiert ist, spielt bei der Vergegenwärtigung die Lesekompetenz eine tragende Rolle.

Analyse

Weil ein Urteilsgegenstand sich in der Regel aus einer Vielzahl von Elementen zusammensetzt, deren Eigenschaften, Hintergründe und Beziehungen aber nicht klar und einfach zu Tage liegen, bedarf es einer analytischen Erhellung der Elemente und Zusammenhänge. Das Ergebnis von Analysen ist ein vertieftes bzw. erweitertes Verstehen des Urteilsgegenstandes. Analysen haben die Gestalt von Sachurteilen.

Es gibt eine Fülle analytischer Tätigkeiten, die, je nach Gegenstand, allein oder im Zusammenwirken einen Urteilsgegenstand erhellen. Analytisch zu arbeiten kann Folgendes bedeuten:

- Ermitteln der Voraussetzungen oder Entstehungsgründe eines Sachverhaltes.
- Herausstellen nicht offen zu Tage liegender Eigenschaften und Aspekte des Gegenstandes.
- Aufdecken unausgesprochener Implikationen eines Sachverhaltes.
- Einordnen eines Sachverhaltes in größere Zusammenhänge.
- Beleuchten eines Gegenstandes aus verschiedenen Perspektiven.
- Zergliedern eines Gegenstandes anhand ausgesuchter Kriterien.
- Unterscheiden wichtiger und unwichtiger Aspekte eines Gegenstandes.
- Vergleichen des Sachverhaltes mit ähnlichen Sachverhalten und dabei Erkennen von Unterschieden und Gemeinsamkeiten.
- Prüfen der sachlichen Richtigkeit von Behauptungen.
- Ziehen von Schlussfolgerungen aus zusammenhängenden Sachverhalten.

Die Urteilsfindung schließlich besteht darin, auf der Basis des analytisch Erhellten zwischen Alternativen abzuwägen und im Anschluss daran eine rational begründete normative

Position zu beziehen. Erst bei der Urteilsfindung wird also die praktische oder Stellung nehmende Vernunft aktiviert.

Urteilsfindung

Die Urteilsfindung kann sich auf Verschiedenes beziehen, so auf das Bewerten politischer Sachverhalte, politischer Handlungen und politischer Akteure, auf das Fällen politischer Entscheidungen wie auch auf die Gestaltung politischer Materien (Detjen 2005b, 61).

6. Das politische Urteilen ist dann am authentischsten, zugleich aber auch kognitiv am anspruchsvollsten, wenn es sich auf politische Entscheidungen bezieht. Der Schwierigkeitsgrad zu beurteilender Entscheidungssituationen fällt allerdings unterschiedlich aus. Eher einfach ist eine Entscheidungssituation, wenn sie in einer Ja-Nein-Alternative besteht. In diesem Fall muss der Urteilende lediglich für eine der beiden Möglichkeiten optieren und seine Option rational und unter Einnahme einer Urteilsperspektive begründen. Deutlich schwieriger ist eine Entscheidungssituation, wenn es um die Ausformulierung von Politikinhalten geht, wenn also im Urteil eine bestimmte Regelungsmaterie konkret gestaltet werden muss (Gestaltungsurteil). Eine solche Situation bildet das Entscheidungshandeln der politischen Akteure jedoch am ehesten nach. Darin liegt ihr hoher didaktischer Wert.

Politische Urteile im Sinne von Entscheidungsfindungen stellen komplexe Denkleistungen dar. Sie basieren auf dem Dreischritt von Situationsanalyse, Möglichkeitserörterung und Entscheidungsfällung (Urteilsfindung).

Situationsanalyse

Die Situationsanalyse bemüht sich um eine möglichst genaue Erkenntnis der Faktoren, welche die politische Entscheidungssituation bestimmen. Sie muss also den Entscheidungsgegenstand in seinen diversen Sachaspekten bestimmen sowie ihn in seinem Gewordensein und damit seiner Veränderbarkeit begreifen. Sie muss weiterhin herausarbeiten, welche an der Situation beteiligten Akteure welche Interessen haben und von welchen weltanschaulichen oder ideologischen Interpretationsmustern sie sich leiten lassen.

Möglichkeitserörterung

Die Möglichkeitserörterung prüft die Verwirklichungschancen verschiedener Optionen vor dem Hintergrund der gege-

benen Bedingungen. Sie fragt folglich nach Machtpotentialen, Verfahrensvorschriften, Beteiligungsrechten von Institutionen, Koalitionsmöglichkeiten und Kompromisschancen.

Entscheidungsfällung

Die Entscheidungsfällung schließlich besteht in der begründeten Wahl einer Option. Diese Option muss neben den Rationalitätskriterien der Effizienz und der Legitimität weitere Rationalitätserfordernisse erfüllen. Zu diesen Erfordernissen gehört es, Implikationen und Konsequenzen der Entscheidung zu bedenken sowie das Wünschbare und Gesollte vom Gegebenen und Möglichen zu unterscheiden (Sutor 1997, 102 ff.).

7. Die Politikdidaktik hat sich schließlich mit der Frage befasst, welche Elemente politische Urteile konstituieren. Analysen geäußerter Schülerurteile zeigen, dass sich drei Elemente unterscheiden lassen, nämlich das persönlich-wertende, das politisch-kategoriale sowie das grammatikalisch-logische Element.

Persönlich-wertende Elemente

Das persönlich-wertende Element ist Ausdruck des normativen Moments im politischen Urteil. Es kann ganz unterschiedliche Formen annehmen. Es kann etwa als persönliche Identifikationsaussage auftreten (Beispiel: „Ich bin ein Anhänger der X-Partei.“). Es kann aber auch die Gestalt eines persönlichen Wertebekenntnisses (Beispiel: „Ich finde die Atomkraft abscheulich.“) oder einer eher unbestimmten Werteaussage (Beispiel: „Wirtschaftswachstum ist wichtig.“) annehmen. Es kann schließlich auch als präskriptive Aussage (Beispiel: „Steuererhöhungen sollten vermieden werden.“) formuliert werden.

Politisch-kategoriale Elemente

Das politisch-kategoriale Element enthält die zur Wertung führende politische Argumentation. Es setzt sich aus Faktenaussagen, politischen Kategorien sowie politischen Erklärungsmustern und Theorien zusammen. Zusammengehalten wird die Argumentation durch eine eingenommene Urteilsperspektive. Der Urteilende argumentiert entweder aus der Perspektive seiner eigenen Betroffenheit oder, unbestimmter, aus der Sicht irgendwie von einer Materie Betroffener. Oder er argumentiert aus der Sicht ausge-

suchter politischer Akteure. Er kann auch übergreifend die Perspektive des politischen Systems und vielleicht sogar die des Weltbürgers einnehmen.

Grammatikalisch-logische Elemente

Das grammatikalisch-logische Element ist zwangsläufiger Bestandteil des politischen Urteils. Es bezieht sich auf die logische Qualität und Stimmigkeit der im Urteil geäußerten Propositionen und ihrer Verknüpfungen. Im Wesentlichen besteht dieses Element aus Relationen und Modalitäten. Die Relationen bestimmen die Beziehungen zwischen den Propositionen. Die Propositionen können kopulativ (und), disjunktiv (weder – noch), konditional (wenn – dann), kausal (weil, denn), final (damit), konsekutiv (so dass), konzessiv (obwohl), adversativ (zwar – aber), temporal (solange, bevor, nachdem), instrumental (durch, mit Hilfe von) und modal (indem) miteinander verbunden werden. Die Modalitäten bezeichnen den Denkstil des Urteils. Dieser kann apodiktisch, assertorisch oder probabilistisch sein (Eyrich-Stur 2009, 83).

Erkenntnistheoretisch-logische Schlüssigkeit

Ergänzend zum grammatikalisch-logischen Element tritt die erkenntnistheoretisch-logische Schlüssigkeit des Urteils hinzu. Schlüssig ist ein Urteil, wenn es eindeutig formuliert ist, keine inneren Widersprüche enthält und den richtigen Modus wählt. Letzteres setzt voraus, Beschreibungen und Erklärungen von Bewertungen und Imperativen unterscheiden zu können. Die Schlüssigkeit verlangt weiterhin, Mehrdeutigkeiten in Sachverhalten zu erkennen und entsprechend zu berücksichtigen (Grosser/Hättich/Oberreuter/Sutor 1980, 154; Detjen 2005a, 186).

2.4 Konsequenzen für die didaktische Konzeptualisierung der politischen Urteilsfähigkeit

1. In der Sphäre der Politik werden deskriptive sowie normative Urteile der verschiedensten Art gefällt. Deskriptive oder Sachurteile kommen in zweifacher Form vor: Entweder wird lediglich etwas festgestellt oder es wird eine Schlussfolgerung gezogen und damit die Erkenntnis erweitert. Der Feststellung

entspricht das konstatierende oder Feststellungsurteil. Der Schlussfolgerung entspricht das Erweiterungsurteil. Sachurteile sind das Ergebnis von Vergegenwärtigungen und Analysen. Sie sprechen für sich. Das heißt: Sie bedürfen deshalb keiner ausführlichen Begründung. Weiterhin unterliegen sie den Kriterien von richtig oder falsch. Genau deshalb sind sie noch keine eigentlichen politischen Urteile, welche zwingend normativen Charakter tragen. Sie bilden aber deren sachliche Voraussetzung.

Normative Urteile gibt es in dreierlei Gestalt. Geht es nur darum, zu einem politischen Sachverhalt, einer politischen Handlung oder einem politischen Akteur befürwortend oder ablehnend Stellung zu beziehen, entsteht ein Werturteil. Kann auf ein politisches Problem mit einer auf Ja oder Nein lautenden Entscheidung geantwortet werden, liegt ein Entscheidungsurteil vor. Ist eine politische Entscheidungssituation so beschaffen, dass die Entscheidungsformel konkrete Angaben über beabsichtigte Maßnahmen enthält, handelt es sich um ein Gestaltungsurteil.

Alle Urteilsarten

Die zu vermittelnde politische Urteilsfähigkeit muss sich auf das gesamte Spektrum der in politischen Kontexten vorkommenden Urteilsarten erstrecken. Es gibt jedenfalls keinen zwingenden didaktischen Grund, eine bestimmte Urteilsart auszuschließen.

Sämtliche fünf Urteilsarten kommen auch in nichtpolitischen, etwa lebensweltlichen Kontexten vor. Ihr spezifisch politischer Gehalt kann folglich nur in den Urteilsgegenständen zum Ausdruck kommen. Die von den Gegenständen ausgehenden Herausforderungen an das Urteil bestimmen den Unterschied zu Urteilen in anderen Domänen.

Keine schematische Urteilsfindung

2. Den Reflexionen der Politikwissenschaft über die politische Urteilskraft ist die didaktisch bedeutsame Erkenntnis zu entnehmen, dass politische Urteile als normative Urteile keine logischen Ableitungen aus Prämissen darstellen. Die Kontingenz des Politischen lässt keine schematische Urteilsfindung zu.

Vor allem Hannah Arendts Urteilstheorie macht deutlich, dass politisches Urteilen die Überwindung partikularer

Standpunkte verlangt. Nur wer die Borniertheit des eigenen Für-richtig-Haltens transzendiert, kann zu einem Urteil gelangen, das anderen zumutbar ist. Das müsste bedeuten, der Perspektive des idealen Staatsbürgers oder gar des Weltbürgers im politischen Bildungsprozess eine normative Vorzugsstellung einzuräumen.

Legitimität partikularer Urteile

Es ist allerdings die Frage, ob das Erfordernis des alle möglichen Sichtweisen einschließenden Gemeinsinns zwingend sein muss. Eigentlich darf eine partikulare Perspektive nicht von vornherein verworfen werden, da es in einer pluralistischen Demokratie völlig legitim ist, aus partikularer Perspektive Einfluss auf das politische Geschehen zu nehmen, was entsprechende Urteile einschließt. Weiterhin hängt es vom Urteilsgegenstand ab, ob eine universale Perspektive überhaupt eingenommen werden kann. So lässt sich auf ein kommunales Problem die Weltbürgerperspektive gar nicht anwenden.

Kognitive Schwierigkeiten politischen Urteilens

3. Die Psychologie hat das Bewusstsein für die besonderen kognitiven Schwierigkeiten des Gegenstandsbereichs Politik geschärft. Politische Entscheidungslagen zeichnen sich aus durch Unanschaulichkeit, Intransparenz, Vernetzung, Komplexität, Dynamik, Polytelie und den Zwang, dialektische Gegensätze zum Ausgleich zu bringen. Häufig fehlen auch wichtige Informationen, so dass der Urteilende gar kein stimmiges Lagebild besitzt. Es ist deshalb wenig erstaunlich, dass es Reduktionsformen politischer Urteilskraft gibt.

Vor allem die Komplexität der politischen Situationen legt die kritische Frage nahe, ob Lernende ihr gewachsen sind. Möglicherweise reicht ihre kognitive Kapazität gar nicht aus, um alle Informationen zu verarbeiten, die zum Verstehen einer politischen Situation notwendig sind. Es ist weiterhin nicht ausgemacht, wie viele kognitive Schemata Lernende zur gleichen Zeit aktivieren und koordinieren können, um eine nicht routinehafte Aufgabe zu lösen. Man kann aber davon ausgehen, dass jüngere Lernende nicht mit einer Lernsituation konfrontiert werden dürfen, die zu viele simultane Teilelemente enthält (Weinert 1977, 8 f.).

Wer politisch urteilt, kommt nicht daran vorbei, die

Komplexität zu vereinfachen. Dies gilt für die Akteure in der Politik und gilt erst recht für diejenigen, die das Urteilen erst lernen wollen. Die Vereinfachung geschieht über Abstraktion, Komplexbildung und Reduktion. Mit Hilfe der Abstraktion werden unwesentliche Variablen ausgeschieden. Es erfolgt eine Beschränkung auf die wesentlichen Merkmale der Entscheidungssituation. Mit Hilfe der Komplexbildung werden einzelne Variablen zu Blöcken zusammengefasst, die dann als Ganzes betrachtet werden. Die Reduktion besteht darin, dass eine Menge von Einzelmerkmalen auf ein Grundmerkmal zurückgeführt wird, als dessen Auswirkungen oder Symptome die Einzelmerkmale dann gelten. Die Vereinfachung ist notwendig, um Situationen mit hoher Komplexität in eine lösbare Form zu bringen. Sie enthalten allerdings die Gefahr einer Problemverschiebung oder einer Verzerrung der Sachverhalte mit möglicherweise negativen Konsequenzen für die Qualität des Urteils (Heidbrink 1982, 79 f.).

Vereinfachung von Komplexität

Es ist Aufgabe des Lehrenden, die Komplexität von Problemlagen so zu vereinfachen, dass sie zur Verarbeitungskapazität der Lernenden passen. Problemlagen müssen ebenfalls vereinfacht werden, wenn es um die Konstruktion von Testaufgaben geht, mit deren Hilfe man die erreichten Kompetenzniveaus beim politischen Urteilen überprüfen will.

Lernende sind Novizen und keine Experten. Ihr politisches Wissen ist meistens noch wenig gefestigt. Das hat Konsequenzen für ihre Fähigkeit zum politischen Urteil. Es besteht nämlich ein Zusammenhang zwischen Wissen und Denken. Das Denken nährt sich aus dem Wissen. Je mehr jemand auf einem Gebiet weiß, desto besser kann er darin denken. Es ist ein erhebliches Wissen nötig, um zu einer richtigen Schlussfolgerung oder zu einem angemessenen Urteil kommen zu können (Oerter 2001, 42). Die Fähigkeit junger Menschen, politische Urteile zu formulieren, kann demnach gar nicht voll entwickelt sein.

Es ist unrealistisch anzunehmen, dass man in kurzer Zeit aus Novizen Experten machen kann. Novizen können aber von Experten lernen. Experten zeichnen sich dadurch aus, dass sie sich ausreichend Zeit nehmen, um Verständnis für eine

Problemsituation zu gewinnen, bevor sie geeignete Schemata zur Lösung des Problems aus dem Gedächtnis abrufen (Mietzel 2003, 283). Es ist deshalb sinnvoll, den Lernprozess so anzulegen, dass der analytischen Erarbeitung der Problemsituation genügend Zeit eingeräumt wird. Von einem angemessenen Verstehen der Situation hängt schließlich die Qualität eines Urteils wesentlich ab.

Zeit für die analytische Erarbeitung

Die von der Makropolitik des politischen Systems und der internationalen Beziehungen ausgehenden Verständnisschwierigkeiten legen es nahe, jüngere Lernende mit politischen Erscheinungen der Lebenswelt zu konfrontieren. Das Lösen mikropolitischer Probleme auf Familien-, Klassengemeinschafts- und Betriebsebene kann der eigentlich makropolitisch orientierten Urteilsfähigkeit durchaus förderlich sein, sofern die strukturellen Unterschiede zwischen Mikro- und Makropolitik nicht außer Acht gelassen werden.

Mikropolitische Probleme

4. Das Postulat, dass normative politische Urteile Rationalitätskriterien unterliegen, weil sie in ihren sachlichen Momenten begründet und in ihren normativen Momenten gerechtfertigt werden müssen und beides nur auf der Basis von Rationalität geht, ist der wichtigste Beitrag der Politikdidaktik zur politischen Urteilsfähigkeit. Das Rationalitätserfordernis schließt nicht aus, dass Emotionen am Urteilsvorgang beteiligt sind. Emotionen vermögen eine Begründung inhaltlich aber nicht zu tragen.

Rationalität und Emotionalität

In jeder Hinsicht plausibel ist die These einer aus zwei Komponenten zusammengesetzten Rationalität. Dabei gehören zur Zweckrationalität nicht nur eng verstandene Effizienzgesichtspunkte, sondern auch die von den politischen Akteuren zu beachtende Klugheitsregel, bei Entscheidungsurteilen die für die Situationsanalyse und die Möglichkeitserörterung einschlägigen Kriterien zu berücksichtigen. Der Vorwurf jedenfalls, dass zweckrationale Erwägungen dem Urteil die Legitimität nehmen, läuft ins Leere. Es muss ebenso erlaubt sein, die Zweck- und die Wertrationalität im Urteil unterschiedlich zu gewichten. Denn es gibt viele politische Urteilssituationen, in denen die Effizienzgesichtspunkte eine dominante Rolle

spielen. Dies ist beispielsweise in der Verkehrs-, Infrastruktur- und Verbraucherschutzpolitik der Fall.

Legitimität verschiedener Perspektiven

Zustimmung verdient auch der didaktische Vorschlag, Lernende dürften ein politisches Urteil aus verschiedenen Perspektiven abgeben. Selbst wenn der Perspektive des politischen Systems, d.h. des idealen Staatsbürgers, ein normativer Vorrang zukommt, kann es Lernenden schlechterdings nicht verboten werden, bei ihrem Urteil der Sichtweise politischer Akteure oder der von Betroffenen zu folgen. Über diese Perspektiven hinaus sollten Lernende nicht daran gehindert werden, das Urteil auch auf ihr eigenes Leben zu beziehen, also ihre subjektive Sichtweise zur Sprache zu bringen. Bedingung dabei ist, dass eine Betroffenheit vorliegt. Weiterhin sollte ein solches Urteil kategorial bestimmt sein und begründet bzw. gerechtfertigt werden.

Hilfreich für die Beantwortung der Frage, welche kognitiven Anforderungen das urteilende Subjekt bewältigen muss, ist die Aufgliederung des Urteilsprozesses in die Teilschritte Vergegenwärtigung, Analyse und Urteilsfindung. Allein schon das Vergegenwärtigen verlangt anspruchsvolle Tätigkeiten wie das gezielte Entnehmen von Informationen und das treffende Identifizieren von Sachverhalten. Deutlich komplexer noch sind die im Anschluss erfolgenden diversen analytischen Tätigkeiten sowie die Urteilsfindung selbst mit der anschließenden Begründung bzw. Rechtfertigung. Der Schluss liegt nahe, jüngere Lernende behutsam an das politische Urteilen heranzuführen, indem etwa zunächst lebensweltliche Probleme mit politischer Implikation beurteilt werden oder im Falle einer Thematisierung makropolitischer Probleme das Vergegenwärtigen und Analysieren stärker gewichtet werden als die Urteilsfindung.

Für die Messung des erreichten Kompetenzniveaus ist die analytische Differenzierung eines Urteils in ein persönlich-wertendes, ein politisch-kategoriales und ein grammatikalisch-logisches Element von Bewandtnis.

3. Facetten der politischen Urteilsfähigkeit

3.1 Überblick über die Facetten der politischen Urteilsfähigkeit

1. Die Förderung der politischen Urteilsfähigkeit ist ein anspruchsvolles Unternehmen. Denn sie darf sich nicht auf eine Urteilsart beschränken. Vielmehr hat sie alle Facetten politikspezifischer Urteile in den Blick zu nehmen. Denn die Politikkompetenz, die den normativen Hintergrund der politischen Urteilsfähigkeit bildet, verträgt keine nur partielle Ausprägung der Kompetenzdimensionen.

Üben aller Facetten politischer Urteilsfähigkeit

Bezogen auf die Kompetenzdimension Politische Urteilsfähigkeit heißt das: Es muss Gelegenheiten zum Üben von Sachurteilen in ihren beiden Ausprägungen als Feststellungsurteile und als Erweiterungsurteile geben. Genauso, womöglich in noch stärkerem Ausmaß muss es Möglichkeiten zum Anwenden normativer Urteile, d.h. von Werturteilen, Entscheidungsurteilen und Gestaltungsurteilen, geben. Insgesamt gilt: Politisch urteilsfähig ist derjenige, der die Facetten des politischen Urteils kennt und mit ihnen umzugehen weiß.

2. Sachurteile erfreuen sich in der Politikdidaktik nicht gerade großer Aufmerksamkeit. Dies liegt vermutlich zum einen daran, dass sie „nur“ die Vorstufe des eigentlichen politischen Urteils bilden. Zum anderen werden im Unterrichtsgespräch andauernd Sachurteile im Sinne von Aussagesätzen abgegeben, so dass man sich gar nicht dessen bewusst ist, dass es sich um Urteile handelt.

Bedeutsamkeit von Sachurteilen

Die Bedeutsamkeit des Sachurteils liegt jedoch auf der Hand: Denn von ihm hängt die Qualität eines darauf aufbauenden normativen Urteils in erheblichem Maße ab. Es gibt

also einen guten Grund, Sachurteile gezielt üben zu lassen. Gelegenheiten dazu dürfte es im Politikunterricht reichlich geben. Zu Sachurteilen kommt es, wenn ein Gegenstand vergegenwärtigt und analytisch durchdrungen wird. So bedeutsam Sachurteile auch sind, noch wichtiger im Kontext des Politikunterrichts sind normative Urteile. Denn diese Urteile machen ja das Spezifikum der Politik aus.

3. Im Folgenden werden die Facetten des politischen Urteils vorgestellt. Dies geschieht in einem Dreischritt. Zunächst werden die zum betreffenden Urteil gehörenden kognitiven Tätigkeiten aufgeführt. Danach werden einige beispielhafte Lernaufgaben präsentiert. Schließlich folgt ein didaktischer Kommentar, in dem auch methodische Möglichkeiten zur Förderung der Urteilsfacette erörtert werden.

3.2 Feststellungsurteile

1. Es sind im Wesentlichen zwei kognitive Tätigkeiten, die zu Feststellungsurteilen führen. Es handelt sich um das Beschreiben und das Kategorisieren oder Klassifizieren.

Beschreiben

Beschreiben meint das sachbetonte informierende Darstellen von Sachverhalten. Das Beschreiben strebt ein adäquates Erfassen der Merkmale des jeweils vorliegenden Sachverhaltes an. Es verlangt Sachverstehen und darauf aufbauendes sprachliches Ausdrucksvermögen. Das Beschreiben ist nicht so trivial, wie es auf den ersten Blick erscheinen mag. Denn die Komponenten des darzustellenden Sachverhaltes können in unterschiedlichen Fundstellen verborgen sein und müssen folglich erst entdeckt werden.

Kategorisieren bzw. Klassifizieren

Kategorisieren bzw. Klassifizieren meint das Ordnen oder Einordnen von Sachverhalten nach bestimmten Gesichtspunkten. Die Gesichtspunkte stehen in einer sachlichen Beziehung zum betreffenden Sachverhalt. Sie sind in der Regel abstrakter als die unter sie subsumierten Sachverhalte. Das Kategorisieren bzw. Klassifizieren verlangt neben dem Sachverstehen das Identifizieren zusammenpassender Sinngehalte von Sachverhalt und übergeordneten Gesichtspunkten.

2. Die folgenden Lernaufgaben führen zu Feststellungsurteilen. Die ersten drei Aufgaben verlangen ein Beschreiben:

Beispielhafte Lernaufgaben

- „Beschreibe, was alles geschehen muss, damit Angebot und Nachfrage auf dem Markt zusammentreffen können."
- „Stelle die Stationen, die für eine Tarifauseinandersetzung vorgeschrieben sind, in der zeitlich richtigen Abfolge dar."

Ein Kategorisieren bzw. Klassifizieren wird in den beiden nachstehenden Aufgaben verlangt:

- „Ordne das Ausstellen von Reisepässen, die Arbeit der städtischen Volkshochschule, die Unterhaltung der Grundschule sowie die Wasserversorgung den kommunalen Pflichtaufgaben, den freiwilligen Aufgaben sowie den Auftragsangelegenheiten zu."
- „Welche Merkmale der freiheitlichen demokratischen Grundordnung sind Ausfluss des Demokratie-, welche des Rechtsstaatsprinzips?"

3. Feststellungsurteile verlangen elementare kognitive Operationen, die denen der Begriffsbildung gleichen (Seel 2003, S. 175 f.). Feststellungsurteile werden in jedem Unterrichtsfach gefällt. Sie sind mithin nicht politikspezifisch. Von politischen Feststellungsurteilen lässt sich also nur sprechen, wenn sie Aussagen über Politik enthalten.

Feststellungsurteile als Ergebnis von Vergegenwärtigungen und Analysen

Die Bedeutsamkeit von Feststellungsurteilen ergibt sich aus dem Sachverhalt, dass sie entweder einen Sachverhalt in das Bewusstsein heben (Vergegenwärtigung) oder das Resultat einer Reihe analytischer Tätigkeiten darstellen, die der eigentlichen politischen Urteilsfindung vorausgehen. Dies gilt etwa für das Ermitteln von Voraussetzungen, das Herausstellen von Eigenschaften, das Aufdecken von Implikationen, das Einordnen in Zusammenhänge, das perspektivische Beleuchten von Gegenständen, das kriteriengeleitete Zergliedern von Gegenständen und das Unterscheiden von Sachaspekten nach Relevanzkriterien.

Geeignete Methoden

Im Unterricht gibt es zahllose Gelegenheiten, Feststellungsurteile zu üben. So setzt sich jedes auf die sachliche Erarbeitung von Gegenständen zielende Unterrichtsgespräch aus einer Fülle von Feststellungsurteilen zusammen. Feststel-

lungsurteile ergeben sich auch, wenn Texte analysiert werden. Unterrichtsgespräche und Textanalysen fördern in der Regel das Beschreiben und Kategorisieren/Klassifizieren.

3.3 Erweiterungsurteile

1. Erweiterungsurteile sind das Resultat vornehmlich dreier kognitiver Tätigkeiten, nämlich des Vergleichens, des Prüfens und des Schließens.

Vergleichen

Vergleichen meint das In-Beziehung-Setzen zweier oder mehrerer Sachverhalte zwecks Herausstellens von Gemeinsamkeiten und Unterschieden zwischen den Sachverhalten. Die Sachverhalte dürfen in ihren Merkmalen weder identisch noch völlig verschieden sein. Das Vergleichen verlangt das Identifizieren von Übereinstimmungen und Abweichungen zwischen Gegebenheiten.

Prüfen

Prüfen meint das kritische Beleuchten eines Sachverhaltes anhand angelegter Kriterien. Die Kriterien müssen sich sinnvoll auf den Sachverhalt anwenden lassen, d.h., Sachverhalt und Kriterien müssen in einer sachlichen Beziehung zueinander stehen. Das Prüfen verlangt das intentionale Verstehen des betreffenden Sachverhaltes sowie des Prüfungskriteriums.

Schließen

Schließen meint das Übertragen von Erkenntnissen über einen bekannten Sachverhalt auf einen anderen Sachverhalt. Voraussetzung eines Schlusses sind analoge, d.h. ähnliche Strukturen zwischen dem bekannten und dem neuen Sachverhalt. Schließen ist daher analoges Schließen. Es verlangt das Prüfen verwandter Strukturen in zwei Sachverhalten auf hinreichend große Ähnlichkeit. Ein Analogieschluss ist nur erlaubt, wenn die Ähnlichkeiten hinreichend groß sind.

Beispielhafte Lernaufgaben

2. Die folgenden Lernaufgaben führen zu Erweiterungsurteilen. Dabei verlangen die beiden ersten Aufgaben ein Vergleichen:

- „Vergleiche den Ablauf einer Parlamentsentscheidung mit dem eines Volksentscheids.“
- „Vergleiche das Menschenbild von CDU und SPD.“

Die nächsten beiden Aufgaben verlangen ein Prüfen:

- „Prüfe, ob der Bürgermeister vertretungsweise den Haushaltsplan der Gemeinde beschließen darf."
- „Prüfe, ob der folgende Fall mit dem Grundgesetz übereinstimmt: Laut Pressemitteilung will der Bundesrat wegen Arbeitsüberlastung die Außenpolitik in Zukunft allein der Bundesregierung und dem Bundestag überlassen: ‚Die Bundesregierung genießt unser Vertrauen. Es genügt deshalb, wenn der Bundestag den auswärtigen Verträgen zustimmt.'"

Die nächsten beiden Aufgaben verlangen ein Schließen:

- „Im Bundestag heißt die Minderheit ‚Opposition'. Kann man die Minderheit in einem Gemeinderat ebenfalls ‚Opposition' nennen?"
- „Wie müssten die Institutionen der Europäischen Union beschaffen und einander zugeordnet sein, damit nicht mehr von einem Demokratiedefizit der Europäischen Union gesprochen werden kann?"

Erweiterungsurteile als Ergebnis analytischer Tätigkeiten

3. Wie für Feststellungsurteile trifft auch für Erweiterungsurteile zu, dass sie in jedem Unterrichtsfach gefällt werden. Sie sind mithin nicht politikspezifisch. Von politischen Erweiterungsurteilen lässt sich also nur sprechen, wenn sie Aussagen über Politik enthalten.

Wie bei den Feststellungsurteilen ergibt sich die Bedeutsamkeit von Erweiterungsurteilen aus dem Sachverhalt, dass sie das Ergebnis wichtiger, das eigentliche politische Urteil fundierender analytischer Tätigkeiten darstellen. Dies liegt beim Vergleichen, Prüfen und Schlussfolgern gewissermaßen auf der Hand.

Propositionales oder konditionales Schließen

In der Politik gibt es keine Gesetzmäßigkeiten im Sinne mathematischer Regelmäßigkeiten. Eindeutige und informationshaltige Wenn-dann-Beziehungen kommen eher selten vor. Deshalb ist es nicht sonderlich sinnvoll, das deduktive Schließen üben zu lassen. Dies gilt besonders für das propositionale oder konditionale Schließen, bei dem die erste Prämisse eine Wenn-dann-Relation zwischen zwei Propositionen (Sachverhalten) etabliert. Die zweite Prämisse macht eine bejahende oder verneinende Aussage über eine der beiden

Propositionen. Die Konklusion zieht dann einen Schluss über die andere Proposition.

Syllogistisches Schließen

Ähnliche Vorbehalte gelten für das syllogistische Schließen, da bei diesem Schlussverfahren Allaussagen vorkommen. In der Politik sind solche Aussagen jedoch eher untypisch. Beim syllogistischen Schließen etablieren die beiden Prämissen des Schlusses eine Relation zwischen einem Subjekt und einem Prädikat. Die Relation ist jeweils mit einem der Quantoren „alle", „einige" und „keine" versehen. Aus dem Verhältnis der beiden Prämissen wird auf eine Konklusion geschlossen (Hussy 1986, 12 f., 30; Knauff 2006, 168).

Induktives Schließen

Auch das induktive Schließen passt nur in einer bestimmten Variante zur Politik. So übersieht die mit einem Induktionsschluss verknüpfte Erwartung, von einzelnen Fällen zu allgemeinen Regeln oder zu gesicherten Vorhersagen zu gelangen, die Kontingenz der Politik.

Analoges Schließen

Lediglich das analoge Schlussverfahren lässt sich sinnvoll auf die Politik anwenden. Der Analogieschluss gewinnt Wissen über einen bestimmten Sachverhalt aufgrund der Kenntnis eines schon bekannten anderen Sachverhaltes, der als Modell für den zu erkennenden Sachverhalt dient. Das analoge Schließen ist didaktisch insofern anerkannt, als die vom exemplarischen Lernen unterstellte Übertragbarkeit beispielhaft gelernten Wissens letztlich auf dem Analogieschluss beruht.

Geeignete Methoden

Wie für Feststellungsurteile gilt auch für Erweiterungsurteile, dass es im Unterricht viele Gelegenheiten gibt, sie zu fördern. Wiederum bieten Unterrichtsgespräche und Textanalysen zahllose Möglichkeiten. Weiterhin bildet das didaktische Prinzip der Problemorientierung einen günstigen Nährboden für Erweiterungsurteile. Denn um ein offenes Problem zu bewältigen, muss in der Regel verglichen, geprüft und geschlussfolgert werden. Darüber hinaus sind bei der Anwendung einiger Makromethoden viele Erweiterungsurteile der Lernenden zu erwarten. Dies gilt vor allem für das Planspiel und die Pro-Contra-Debatte. So müssen beim Planspiel in der Phase der internen Beratung Handlungsoptionen verglichen, eigene Absichten auf Übereinstimmung mit vorgegebenen Regeln geprüft und auf der Basis von Erfahrungen Schlüsse

über zu erwartendes Verhalten anderer Spieler gezogen werden. Im Rahmen einer Pro-Contra-Debatte kommt es vor allem bei der Sachverständigenbefragung sowie bei den Plädoyers fast zwangsläufig zu Erweiterungsurteilen.

3.4 Werturteile

1. Werturteile sind das Ergebnis evaluativer Handlungen. Es handelt sich beim Evaluieren im Wesentlichen um das Bewerten und das Stellungnehmen. Positive Werturteile drücken sich in den Sprechakten des Lobens und Belobigens aus, negative Werturteile äußern sich sprachlich als Beanstanden, Tadeln und Verurteilen (Zillig 1982, 96 f.).

Bewerten

Bewerten meint das Billigen oder Missbilligen von Sachverhalten anhand von Wertmaßstäben, die dem Urteilenden vorgegeben werden. Die Wertmaßstäbe stammen aus der Sphäre der Politik. Sie drücken Legitimationsideen, Ordnungsprinzipien oder Zielvorstellungen aus. Das Bewerten verlangt ein Abgleichen des jeweiligen Sachverhaltes mit den normativen Ansprüchen der vorgegebenen Wertmaßstäbe.

Stellungnehmen

Stellungnehmen meint das Billigen oder Missbilligen von Sachverhalten aus einer bestimmten Perspektive, die dem Urteilenden vorgegeben wird. Die Perspektive kann die eines Politikers, eines Bürgers, einer Institution, einer Partei, einer gesellschaftlichen Gruppe oder eines Landes sein. Ein solches Stellungnehmen verlangt vom Urteilenden zunächst eine Vergegenwärtigung der Position des in Frage stehenden Akteurs und dann ihre Anwendung auf die Urteilsfrage.

Beispielhafte Lernaufgaben

2. Die folgenden Lernaufgaben führen zu Werturteilen. Dabei verlangen die beiden ersten Aufgaben ein Bewerten:
- „Bereichern oder stören Bürgerinitiativen die Effizienz der Kommunalpolitik?"
- „Liegt der Einsatz der Bundeswehr in Afghanistan im deutschen Interesse?"
- „Verstößt das Verbot von Parteien gegen das Demokratieprinzip?"

Die nächsten drei Aufgaben verlangen ein Stellungnehmen:

- „Ist eine Klassensprecherwahl in der Wahrnehmung von Lehrern sinnvoll?"
- „Nimm als Vertreter eines Wohlfahrtsverbandes Stellung zur Abschaffung der Wehrpflicht!"
- „Welche Ansicht vertritt der Verband der Gastronomen zur Einführung des Rauchverbots in Gaststätten?"

Stellungnehmen anhand selbst gewählter Maßstäbe

3. Das Stellungnehmen kann auch das Billigen oder Missbilligen von Sachverhalten anhand selbst gewählter Wertmaßstäbe meinen. Entsprechende Lernaufgaben wären etwa: „Ist eine Klassensprecherwahl in deinen Augen sinnvoll?" „Wie beurteilst du die Abschaffung der Wehrpflicht?" „Was hältst du von der Einführung des Rauchverbots in Gaststätten?" In diesen Fällen werden dem Urteilenden also keine Maßstäbe vorgegeben. Er kann seine Bewertung anhand selbst gewählter rationaler oder emotionaler Kriterien vornehmen. Ein solches Stellungnehmen verlangt vom Urteilenden folglich zunächst eine interne Klärung über den anzulegenden Maßstab. Danach muss er den zu bewertenden Sachverhalt mit den Anforderungen des ausgewählten Maßstabs abgleichen.

Das Stellungnehmen anhand selbst gewählter Wertmaßstäbe fällt Lernenden häufig schwer. Denn es ist gar nicht einfach, sich über seinen Maßstab Klarheit zu verschaffen. Zudem ist dieser Maßstab auch noch Ausdruck von Subjektivität. Bei der Stellungnahme müssen die Lernenden also Aussagen über sich selbst machen. Das gefällt nicht jedem. Bei Stellungnahmen anhand selbst gewählter Wertmaßstäbe können zudem politische Grundorientierungen zum Vorschein kommen (Petrik 2007, 200 ff.). Möglicherweise wollen Lernende dies genau vermeiden.

So wertvoll Stellungnahmen anhand selbst gewählter Wertmaßstäbe im Sinne der politischen Bildung auch sind und so sehr sie deshalb ihre Berechtigung im Unterrichtsgespräch haben, so wenig sind sie aufgrund ihres hohen Anteil an Subjektivität geeignet, zur Überprüfung des erreichten Kompetenzniveaus herangezogen zu werden.

Die Fähigkeit, Werturteile abzugeben, lässt sich immer dann fördern, wenn im Unterricht über Politik gesprochen

wird. Denn das Politische als das Umstrittene fordert zur Bewertung oder Stellungnahme geradezu auf. Es bietet sich daher an, im Anschluss an die Erarbeitung eines politisch umstrittenen Sachverhaltes eine Phase der politischen Bewertung durchzuführen.

Selbst die Thematisierung des Unumstrittenen, etwa der Verfassungsinstitutionen, im Rahmen des Lehrgangsunterrichts schließt Werturteile nicht aus. Denn die Frage an die Lernenden, wie sie zu einer Sache stehen, lässt sich bei schlechthin jedem politischen Gegenstand stellen. Es ist unerheblich, ob über den betreffenden Gegenstand ein Konsens herrscht oder ob es über ihn Kontroversen gibt.

Geeignete Methoden

Es gibt zwei Makromethoden mit einer besonderen Affinität zum Werturteil, nämlich die Pro-Contra-Debatte und die Fallanalyse. Die Pro-Contra-Debatte verlangt von allen Beteiligten Werturteile. Dabei sprechen die Anwälte Werturteile explizit aus. Die Werturteile des Publikums werden zwar nicht ausgesprochen, sie spiegeln sich aber im Abstimmungsergebnis wider. Die Fallanalyse hat ihren Schwerpunkt zwar in der analytischen Erarbeitung des Falles, der Fall kann aber auch Betroffenheit bei den Lernenden auslösen und sie dann zu Werturteilen anregen.

3.5 Entscheidungsurteile

1. Zu Entscheidungsurteilen kommt es, wenn darüber befunden wird, ob eine bestimmte Handlung ausgeführt werden soll oder nicht. Typischerweise gibt es hierfür in der Politik die Optionen „Ja“, „Nein“ und „Enthaltung“. Entscheidungsurteile basieren auf der Abfolge zweier eng zusammengehörender kognitiver Vorgänge. Es handelt sich um das Abwägen und das Sich-Entschließen.

Abwägen

Abwägen meint das Vergleichen der Vor- und Nachteile der Optionen Handeln und Nicht-Handeln sowie gegebenenfalls Enthaltung. Eine echte Abwägung liegt nur dann vor, wenn jede der drei Optionen zielgerichtet ist, d.h. eine prinzipiell sinnvolle Strategie zur Verwirklichung eigener Absichten darstellt. Das Abwägen verlangt das Klären der Erfolgsaussichten

und das vergleichende Gegenüberstellen der Erfolgsaussichten der jeweiligen Optionen.

Sich-Entschließen

Sich-Entschließen meint das abschließende Wählen der bevorzugten Option, was automatisch zur Zurückweisung anderer Optionen führt. Das Sich-Entschließen verlangt den bewussten Willensakt des Sich-Festlegens.

Beispielhafte Lernaufgaben

2. Die folgenden Lernaufgaben führen zu Entscheidungsurteilen:
- „Soll der Klassensprecher durch einen Klassenrat ersetzt werden?"
- „Soll eine PKW-Maut auf Autobahnen eingeführt werden?"
- „Soll ein allgemeiner Pflichtdienst für junge Menschen vorgeschrieben werden?"

Wahl – Urteil – Entschluss

3. Das Entscheiden basiert auf drei Elementen, nämlich auf Wahl, Urteil und Entschluss: Es ist eine Wahl zwischen verschiedenen Alternativen zu treffen. Es muss mit dem Urteil eine Relation zwischen dem Subjekt und der betreffenden Sache aufgebaut werden. Und es muss der Entschluss gefasst werden, die Entscheidung zum vorliegenden Zeitpunkt wirklich zu fällen (Pritzlaff 2007, 57). Entscheidungsurteile kommen mithin nicht einfach spontan zustande. Sie benötigen Zeit. Dies ist bei der Planung entsprechender Lernprozesse zu berücksichtigen.

Utilitarismus als Hintergrundtheorie

Wenn Lernende zu Entscheidungsurteilen aufgefordert werden, fungieren bei der Evaluierung ihrer Entscheidungen neben werthaften Gesichtspunkten vor allem utilitaristische Annahmen als Hintergrundtheorie. Hiernach ist der Mensch ein rational handelndes Individuum, das nach dem Prinzip der Nutzenmaximierung seine gegebenen Mittel so einsetzt, dass er einen maximalen Nutzen erzielt. Stehen zwei Alternativen zur Wahl, so wird davon ausgegangen, dass das Individuum die Alternativen aufgrund des Gesamtnutzens vergleicht. Das heißt, es aggregiert die verschiedenen erwünschten und unerwünschten Aspekte einer Alternative jeweils zu einem Gesamtwert und entscheidet sich für die Alternative mit dem höchsten Gesamtnutzen. Im Mittelpunkt steht also das Ver-

hältnis der eingesetzten Mittel zu den Ergebnissen (Brander/Kompa/Peltzer 1989, 149 f.).

Lernende können mit Entscheidungssituationen unterschiedlichen Schwierigkeitsgrades konfrontiert werden. Am einfachsten, politisch jedoch am unwahrscheinlichsten sind Entscheidungen unter Sicherheit. Etwas realitätsnäher sind Entscheidungen unter Risiko. Am schwierigsten sind Entscheidungen unter Unsicherheit.

Geeignete Methoden

Es gibt im Wesentlichen vier Makromethoden, die besonders geeignet sind, die Fähigkeit zur Abgabe von Entscheidungsurteilen zu fördern. Es handelt sich um die Fallanalyse, die Fallstudie, das Planspiel und die Pro-Contra-Debatte. Sofern passende Situationen vorliegen, kann auch der Einsatz der Dilemma-Methode förderlich sein (May 2011, 51 f.). Schließlich können Entscheidungsurteile an geeigneten Stellen auch im Rahmen des Lehrgangsunterrichts gefällt werden.

Die Fallanalyse ist in hohem Maße geeignet, politisches Entscheidungsdenken zu fördern (Meierhenrich 2003, 140 ff.; Meierhenrich, 2011, 32 ff.). Das verlangt von ihr, ein Problem, ein Ereignis, eine Forderung, einen Konflikt oder eine Situation so aufzubereiten, dass die Lernenden am Ende vor eine Entscheidung gestellt werden. Der Fall sollte aktuell sein und nach Möglichkeit noch offen, also nicht bereits geregelt sein.

Die Fallstudie erörtert intensiv eine komplexe Entscheidungssituation, die durchaus schon in der Vergangenheit liegen darf. Sie gibt Gelegenheit, verschiedene Entscheidungsvarianten zu diskutieren. Am Schluss muss eine Entscheidung gefällt und begründet werden. Sie kann mit der tatsächlich getroffenen Entscheidung identisch sein, darf aber auch abweichen.

Die größten Effekte für die auf Entscheidungen bezogene Urteilsfähigkeit gehen vermutlich vom Planspiel aus. Denn das Planspiel ist ein komplexes Rollenspiel mit klaren Interessengegensätzen und hohem politischen Entscheidungsdruck. Insbesondere in zwei Phasen des Planspiels müssen sich die Akteure zu Entscheidungen durchringen: Zunächst muss jeder sich aus mehreren Spielern zusammensetzende politische Akteur in der Beratungsphase eine eigene Position finden, d.h. aber aus verschiedenen Optionen eine auswählen. In der

abschließenden Konferenz- und Entscheidungsphase kommen die Akteure zusammen und müssen nach einem Austausch der Positionen zu einer Gesamtentscheidung kommen.

Die Pro-Contra-Debatte muss ein Entscheidungsproblem zu ihrem Gegenstand machen, wenn sie die Fähigkeit zum Entscheidungsurteil fördern soll.

3.6 Gestaltungsurteile

1. Gestaltungsurteile kommen zustande, wenn sachliche Probleme einer inhaltlichen Lösung zugeführt werden. Gestaltungsurteile setzen sich aus detaillierten Angaben über die gefundene Regelung zusammen. Sie basieren auf Problemlösungsprozessen, in die vielfältige kognitive Handlungen involviert sind. Diese Handlungen können nicht standardisiert werden, da ihr Einsatz vom jeweiligen Problem abhängt.

Vielfalt kognitiver Aktivitäten

Mit einer gewissen Wahrscheinlichkeit sind jedoch folgende kognitive Handlungen an einer Problemlösung beteiligt: Entwickeln einer Zielvorstellung, möglicherweise Ausarbeiten von Prioritäten und Ausbalancieren konfligierender Ziele; Sammeln und Strukturieren von Informationen; gegebenenfalls Reduktion der Informationsmenge oder Modellbildung, um sich eine komplexe, vernetzte Situation vorstellen zu können; Antizipieren unerwünschter Nebenwirkungen; Vergleichen möglicher Handlungsoptionen unter den Gesichtspunkten, in welchem Ausmaß sie das Ziel erreichen und welche Nebenwirkungen sie hervorrufen; Festlegen der konkreten Lösung, dabei Zeit-, Orts- und Mengenangaben (Funke 2006, 378 ff., 411 f.).

Beispielhafte Lernaufgaben

2. Die folgenden Lernaufgaben führen zu Gestaltungsurteilen:
- „Welche Maßnahmen soll die Stadt ergreifen, um die Integration der Zuwanderer zu erleichtern? Wie hoch darf der finanzielle Aufwand sein?“
- „Welche Steuern sollen um welchen Prozentsatz erhöht werden?“
- „Wie viele Soldaten soll Deutschland in welchem Jahr aus Afghanistan abziehen?“

3. Gestaltungsurteile sind typisch für die Politik, und zwar nicht nur für die Makropolitik des politischen Systems und der internationalen Beziehungen, sondern auch für die alltags- und lebensweltbezogene Mikropolitik. Beispielhaft für Letzteres sind Fragen, wie das Zusammenleben in der Klasse oder in der Schule gestaltet werden soll. Die Festlegung von Verhaltensregeln im sozialen Nahraum unterscheidet sich in der Komplexität, nicht jedoch in prinzipieller Hinsicht von der Bestimmung gesetzlicher Regeln zu schwierigen Materien. Das Üben der auf das Gestalten bezogenen Urteilsfähigkeit kann mithin bereits früh im Bildungsgang einsetzen.

Gestaltungsurteile sind das Ergebnis problemlösender Prozesse. Dabei weist das *problem solving* eine große Nähe zum *decision making*, also zum Entscheidungsurteil, auf. In beiden Urteilssituationen versuchen die Individuen nämlich, die bestmögliche Wahl aus einem Angebot an Alternativen zu treffen. Das Problemlösen impliziert weiterhin ein Entscheidungsurteil, „because it is generally necessary to decide which strategy to adopt in order to solve the problem" (Eysenck 2001, 331).

Hoher Schwierigkeitsgrad

Gestaltungsurteile weisen zweifellos einen hohen Schwierigkeitsgrad auf. Denn die zu gestaltenden Materien lassen häufig keine routinierten Vorgehensweisen zu. Dem Urteilenden geht es dann wie einem Problemlöser, der zwar ein mehr oder weniger gut definiertes Ziel hat, aber nicht unmittelbar weiß, wie es zu erreichen ist. „Die Inkongruenz von Zielen und verfügbaren Mitteln ist konstitutiv für ein zu bewältigendes Problem. Das Verstehen der Problemsituation und deren schrittweise Veränderung, gestützt auf planendes und schlussfolgerndes Denken, sind konstitutiv für den Prozess des Problemlösens" (Klieme/Funke/Leutner/Reimann/Wirth 2001, 185).

Geeignete Methoden

Die Fähigkeit, Gestaltungsurteile formulieren zu können, lässt sich vornehmlich mittels dreier Makromethoden fördern: Es sind die Fallstudie, das wirklichkeitssimulierende Planspiel und die ebenfalls zur simulativen Methode gehörende Bearbeitung von Gründungssituationen.

Die Fallstudie erlaubt die intensive Auseinandersetzung mit

den Implementierungsaspekten politischer Entscheidungsalternativen. Denn in der Fallstudie geht es in der Regel nicht um die Entscheidung zwischen Ja oder Nein, sondern um die inhaltliche Gestaltung einer politisch zu regelnden Materie.

Auch das Planspiel eröffnet die Gelegenheit, sich mit den Details politischer Regelungen zu befassen. Dies ist insbesondere in der Beratungsphase der Fall, wenn sich die einen Akteur repräsentierenden Spieler zusammenfinden, um die eigene Position inhaltlich abzustecken.

Besonders geeignet ist die Konfrontation der Lernenden mit Situationen, die sie dazu anhalten, darüber nachzudenken, wie sie ihr Zusammenleben organisieren und gestalten wollen. Solche Situationen sind so beschaffen, dass noch nichts geregelt ist. Die Lernenden müssen folglich sämtliche Regelungen erst erfinden und deren Tauglichkeit dann im Gedankenexperiment oder im Gedankenaustausch erproben (Petrik 2007, 295 ff.).

4. Kognitive Ansprüche an die politische Urteilsfähigkeit

4.1 Geltungsansprüche von deskriptiven Urteilen und normativen Urteilen

Übereinstimmung mit der Wirklichkeit

1. Deskriptive Urteile setzen sich in der Regel aus einer Reihe von Sätzen zusammen. Diese Sätze stehen unter dem Geltungsanspruch der Wahrheit oder Richtigkeit, d.h. der Übereinstimmung mit der Wirklichkeit. Diese Wirklichkeit kann auch eine Textwirklichkeit sein. Sachurteile müssen sich die Frage gefallen lassen, ob sie mit der Wirklichkeit übereinstimmen. Gegebenenfalls muss der Urteilende die behaupteten Inhalte begründen, d.h. die Urteilssätze auf Gegebenheiten zurückführen, welche die Richtigkeit der Sätze zu stützen vermögen.

Übereinstimmung mit zugrunde gelegten Werten

Normative Urteile stehen unter dem Geltungsanspruch der Übereinstimmung mit zugrunde gelegten Werten. Diese Werte können je nach Urteilssituation individuell, partikular oder universell sein. Für politische Bildungsprozesse in der Demokratie gilt jedoch, dass individuelle sowie partikulare Werte nicht im Widerspruch zum universalen Wert der Menschenwürde stehen dürfen. Normative Urteile müssen sich hinsichtlich ihrer Übereinstimmung mit den jeweils zugrunde gelegten und gegebenenfalls gegenüber konkurrierenden Werten rechtfertigen lassen.

2. Für eine Bewertung der von den Lernenden gezeigten politischen Urteilsfähigkeit kommen drei Gruppen von Kriterien in Betracht.

Die Lernenden reagieren bei der Abgabe von Urteilen in aller Regel auf Aufgabenstellungen. Eine Aufgabe verlangt entweder ein Feststellungs-, ein Erweiterungs-, ein Wert-, ein Entscheidungs- oder ein Gestaltungsurteil. Hierauf müssen die Lernenden die richtige Antwort geben. Wird etwa ein Werturteil verlangt, müssen sie ein solches abgeben und dürfen sich nicht auf ein Erweiterungsurteil beschränken. Das erste Bewertungskriterium für geäußerte Urteile bezieht sich folglich darauf, ob die Lernenden die Aufgabe richtig identifiziert haben und ihr Urteil der gestellten Aufgabe entspricht.

Richtige Identifizierung der Aufgabe

Sachliche und logische Richtigkeit

Eine zweite Gruppe von Kriterien betrifft die deskriptiven Elemente von Urteilen. Diese Elemente müssen zur Sache gehören und logisch nachvollziehbar miteinander verknüpft sein:

- Sachzugehörigkeit und Richtigkeit der vorgetragenen Aspekte,
- Anzahl richtiger sachzugehöriger Aspekte,
- logische Eindeutigkeit der Beziehungen zwischen sachlich zusammengehörenden Sätzen (Kausalität, Konzessivität, Konsekutivität, Konditionalität, Finalität, Entgegensetzung, Modalität [Instrumentalität, Gleichsetzung, Ausschließung, Einschränkung], Temporalität [Vorzeitigkeit, Nachzeitigkeit, Gleichzeitigkeit]).

Angabe rechtfertigender Werte

Normative Urteile verlangen neben sachlicher Richtigkeit und logisch klarer Ordnung ihrer deskriptiven Elemente zusätzlich eine Rechtfertigung des für gut oder schlecht Gehaltenen bzw. des Gewollten oder Nichtgewollten. Mithin gibt es eine dritte Gruppe von Kriterien:

- Benennung rechtfertigender Werte,
- Anzahl der herangezogenen rechtfertigenden Werte,
- argumentativer Ausgleich möglicher Spannungen zwischen den Werten.

4.2 Aspekte der Graduierung der politischen Urteilsfähigkeit

Zunehmende kognitive Komplexität

1. In den fünf Urteilsarten verbirgt sich eine Graduierung bezüglich der Komplexität der kognitiven Anforderung. Am Beginn stehen die Feststellungsurteile, da sie einen gegebenen Wissensrahmen nicht transzendieren. Hingegen erweitern, verändern oder relationieren Erweiterungsurteile den gegebenen Wissensrahmen. Feststellungsurteile sollten gleichwohl nicht unterschätzt werden. Denn sie können sich auf komplexe Gegenstände beziehen.

Die normativen Urteile gehen in der Anforderung über Sachurteile hinaus. So beziehen die Werturteile eine Position im Feld des Politisch-Strittigen. Das setzt eine Kenntnis des Gegenstandes, mithin ein Sachurteil, voraus. Ein Werturteil, das mehr beansprucht, als nur eine spontane Meinungskundgabe zu sein, erfordert einen Abgleich zwischen dem zugrunde liegenden Sachverhalt und politischen Werten oder individuellen Wertüberzeugungen. Es enthält darüber hinaus eine reflexive Rechtfertigung.

Noch anspruchsvoller als Werturteile sind Entscheidungs- und Gestaltungsurteile. Diese Urteile verlangen ein Abwägen zwischen verschiedenen Handlungsoptionen, was nicht nur eine zutreffende analytische Erhellung der die Entscheidung bedingenden Sachverhalte voraussetzt, sondern auch ein Bewusstwerden der involvierten und häufig in Spannung zueinander stehenden Werte. Sie erfordern darüber hinaus eine Entscheidungsfällung bzw. eine gestaltende Implementation sowie deren reflexive Rechtfertigung.

Integration von Sachaspekten in Begründungen

2. Ebenso liegt innerhalb der einzelnen Urteilsarten eine Graduierung vor: Ein Sachurteil ist umso anspruchsvoller, je mehr sachzugehörige Aspekte es in seiner Begründung integriert und sachlich zutreffend sowie grammatikalisch korrekt miteinander verknüpft.

Integration von Werten in Rechtfertigungen

Ein normatives Urteil ist umso anspruchsvoller, je mehr sachbezogene Werte es in seiner Rechtfertigung integriert und zu einem Ausgleich bringt. Abhängig vom Urteilsgegenstand

können die eingebrachten Werte aus lebensweltlichen Erfahrungen hervorgehen, politischen Überzeugungen entstammen oder sich auf systemische Funktionserfordernisse beziehen. Zur Freiheit des Urteilenden gehört es, die von ihm herangezogenen Werte nach eigener Einschätzung zu gewichten.

Schluss

Die Förderung der politischen Urteilsfähigkeit stellt zweifellos eine besonders anspruchsvolle, vielleicht sogar die anspruchsvollste Aufgabe der politischen Bildung dar. Sie ist gleichwohl unerlässlich.

Eine abschließende Bemerkung: Aus dem Sachverhalt, dass in logischer Hinsicht jeder Satz den Charakter eines Urteils hat, sollte nicht geschlossen werden, dass jeder im Unterricht ausgesprochene Satz ein politisches Urteil im eigentlichen Sinne ist und auf ein bestimmtes Kompetenzniveau hinweist. Dem Unterrichtsgespräch würde jede Spontaneität genommen werden, wenn sich dieser Eindruck bei den Lernenden festsetzte. Die Förderung der Urteilsfähigkeit sollte daher an Aufgaben gebunden werden, denen deutlich zu entnehmen ist, dass sie diesem Zweck dienen.

Förderung der Urteilsaufgaben durch geeignete Aufgaben

Anhang

Politisches Urteilen an einem Beispiel (10. Jahrgangsstufe)

Die Präimplantationsdiagnostik (PID) im politischen Urteil

Um politisch rational über die Zulässigkeit der Präimplantationsdiagnostik (PID) entscheiden zu können, muss zunächst hierüber rational geurteilt werden. Der Entscheidungsgegenstand verlangt dabei den Einsatz aller Urteilsarten, beginnend mit Feststellungs- und Erweiterungsurteilen, fortsetzend mit einem Wert- sowie einem Entscheidungsurteil und endend mit einem Gestaltungsurteil. Thematisiert man die PID im Unterricht, können mithin alle Facetten der politischen Urteilsfähigkeit trainiert werden. Diese Chance besteht im Grunde aber für jede politische Entscheidungsmaterie.

Das Folgende bereitet Informationen auf und verknüpft sie mit Aufgabenstellungen, die zu politischen Urteilen auffordern.

1. Feststellungs- und Erweiterungsurteile

Material 1:

Was ist Präimplantationsdiagnostik (PID)?

Unter der PID versteht man zellbiologische Untersuchungen, die der Entscheidung dienen sollen, ob ein im Reagenzglas erzeugter Embryo in die Gebärmutter eingepflanzt werden soll oder nicht.

Material 2:

Einzelheiten zur Präimplantationsdiagnostik

Was aber wird bei einer PID eigentlich genau gemacht? Die PID erlaubt es, Aussagen über den genetischen Status von Embryonen zu treffen, die zuvor im Reagenzglas entstanden sind – etwa über Trisomien, oder Erkrankungen wie Chorea Huntington, Mukoviszidose oder bestimmte Blutkrankheiten. Während in

den meisten Staaten, in denen die PID zulässig ist, dem Embryo etwa drei Tage nach der Befruchtung Zellen entnommen und untersucht werden, ist die Methode in Deutschland anders.

Der Düsseldorfer Reproduktionsmediziner Jens Hirchenhain erklärt: „Hier entnehmen wir am fünften Tag nach der Befruchtung Zellen. Der Embryo wird in diesem Entwicklungsstadium als Blastozyste bezeichnet und hat bereits die erste Differenzierung hinter sich: in Zellen, die die Plazenta bilden, und Zellen, aus denen der spätere Fötus wird. Nur erstere werden untersucht; dabei wird der eigentliche Fötus nicht geschädigt, wie es in einem früheren Stadium der Fall sein könnte.“ Das ist im Embryonenschutzgesetz geregelt: Dieses nämlich definiert als Embryo auch totipotente Zellen, aus denen sich komplette Individuen entwickeln können. Deutsche Reproduktionsmediziner müssen also bei der Untersuchung der Embryonen länger warten als ihre ausländischen Kollegen, weil sie keine Zellen zerstören dürfen, aus denen theoretisch ein Mensch werden könnte. [...]

Auch wenn die PID technisch schon lange möglich ist: In Deutschland gingen Fachleute jahrelang davon aus, dass sie durch die Vorschriften des Embryonenschutzgesetzes verboten sei. Einigermaßen überraschend sprach jedoch der Bundesgerichtshof im Juli 2010 einen Berliner Reproduktionsmediziner frei, der die PID angewendet und sich 2006 selbst angezeigt hatte.

(aus: Wenn Hoffen nicht reicht; Autorin: Susanne Kailitz, in: DAS PARLAMENT Nr. 16 bis 19 vom 18.04.2011, S. 3)

Material 3:

Auszug aus dem Embryonenschutzgesetz (1991)

§ 2 Missbräuchliche Verwendung menschlicher Embryonen

(1) Wer einen extrakorporal erzeugten oder einer Frau vor Abschluss seiner Einnistung in der Gebärmutter entnommenen menschlichen Embryo veräußert oder zu einem nicht seiner Erhaltung dienenden Zweck abgibt, erwirbt oder verwendet, wird mit Freiheitsstrafe bis zu drei Jahren oder mit Geldstrafe bestraft.

(2) [...]

(3) Der Versuch ist strafbar.

Material 4:

Auszug aus einem Interview mit dem Vorsitzenden des Deutschen Ethikrates Edzard Schmidt-Jortzig

Welche Auffassungen über die PID gibt es im Ethikrat?

Der grundlegende Konflikt dreht sich um die Absolutheit des Lebensschutzes. Wenn man diesen als oberstes, nicht diskutierbares Prinzip akzeptiert, führt dies unweigerlich zu der Forderung nach einem strikten Verbot der PID. Elf der 26 Mitglieder des Ethikrates tragen diese Forderung mit.

Dreizehn Ethikratmitglieder, zu denen auch Sie zählen, sprechen sich für eine eingeschränkte Zulassung der PID aus. Warum?

Auch wir sehen den Lebensschutz als ein hochrangiges Ziel der Gesellschaft und des Staates an, aber wir wollen nicht die Augen vor dem Leid derjenigen Paare verschließen, die bei einer In-vitro-Fertilisation nur über die Auswahl lebensfähiger Embryonen zu einem Kind kommen können. Diesen Paaren die Anwendung der vorhandenen medizinischen Möglichkeiten zu verbieten, erschien uns nicht angängig. Oder anders formuliert: Einem Paar sollte der Weg zur Erfüllung seines Kinderwunsches offen stehen, auch wenn ein schwerwiegendes genetisches Risiko besteht. Bei der PID wird zudem nicht auf grundsätzlich andere Weise in das Lebensrecht des Embryos eingegriffen als bei einem Schwangerschaftsabbruch.

(in: DAS PARLAMENT Nr. 16 bis 19 vom 18.04.2011, S. 2; Fragen leicht verändert)

Material 5:

Auszug aus einem Interview mit dem Präsidenten der Bundesärztekammer Frank Ulrich Montgomery

Wie stehen Sie zur Präimplantationsdiagnostik?

In der PID ist immer auch ein Ansatz zur Selektion menschlichen Lebens angelegt. Diese lehne ich ab. Gleichwohl muss ich natürlich anerkennen, dass der Damm an anderer Stelle schon gebrochen ist. Die Pränataldiagnostik, also die Früherkennung in der Schwangerschaft, ist längst Standard und führt zur Abtreibung lebensfähiger Föten. […] Ich sehe auch bei Gentests an künstlich erzeugten Embryonen die große Gefahr, dass am Ende alles gemacht werden könnte, was medizinisch-technisch möglich ist. […]

Was soll mit den befruchteten Eizellen gemacht werden, die nach der PID nicht in die Gebärmutter eingepflanzt werden?

Es macht keinen Sinn, aussortierte Embryonen dauerhaft einzufrieren. Die Forschung an Embryonen ist in Deutschland

zu Recht verboten. Man wird die überschüssigen Embryonen also sterben lassen müssen.

(in: Das PARLAMENT Nr. 28 bis 30 vom 11.07.2011, S. 2; Fragen leicht verändert)

Aufgabe:

Stelle dir vor, du wärest Mitarbeiter eines Bundestagsabgeordneten. Dieser hat dich gebeten, ihm eine Expertise über die Präimplantationsdiagnostik zu schreiben, damit er über eine sachliche Grundlage für seine politische Entscheidungsfindung verfügt. Er erwartet von dir, dass du insbesondere klare Aussagen über die folgenden Aspekte formulierst:

- Was bedeutet Präimplantationsdiagnostik?
- Was spricht für, was gegen die PID?
- Welche Gruppen von Betroffenen gibt es im Zusammenhang mit der PID?
- Was wird vermutlich geschehen, wenn keine gesetzliche Regelung über die PID getroffen wird?

2. Werturteil

Material:

Werthaltige Aussagen im Zusammenhang mit der PID

PID ermöglicht eine Qualitätsüberprüfung menschlichen Lebens und ist damit ein Einfallstor für die Selektion „lebensunwerten" Lebens.

Der medizinische Erkenntnisfortschritt hat PID möglich gemacht. Jetzt kann man nicht einfach auf „Löschen" drücken und das Wissen verschwinden lassen.

PID stellt ein elementares Menschenrecht, das Recht auf Leben, prinzipiell zur Disposition.

Die Politik ist geradezu verpflichtet, zur Linderung von Leid die Nutzung medizinischer Technologien zu ermöglichen.

Man muss das Natürliche des Menschwerdens bewahren und darf nicht alles absoluter Sicherheit unterordnen.

Darf die Frage, ob jemand Mensch ist, von menschlichen Entscheidungen abhängig gemacht werden?

Die Politik hat nicht das Recht, den Betroffenen die mit der PID gegebenen medizinischen Möglichkeiten zu versagen.

PID verhindert möglicherweise in einzelnen Fällen Leid, sie

verhindert aber auf jeden Fall das Lebensrecht von gezeugtem menschlichen Leben.

Eine befruchtete Eizelle in einer Petrischale darf nicht höher gewichtet werden als eine Frau in einer schweren Konfliktsituation.

Es ist ein Gebot der Menschlichkeit, das harte Schicksal von Eltern zu berücksichtigen, die die Anlagen schwerster Erbkrankheiten in sich tragen.

(Aussagen von Parlamentariern während der 105. und 120. Plenarsitzung des Deutschen Bundestages am 13.04. und 07.07.2011; zum Teil leicht verändert; veröffentlicht in der Debattendokumentation der Zeitung DAS PARLAMENT)

Aufgaben:

1. Sortiere die Aussagen danach, ob sie die PID befürworten oder ablehnen.
2. Ermittle, welcher Wert (welches Prinzip oder Gut) hinter jeder Aussage steckt.
3. Formuliere ein eigenes Werturteil zur PID. Verleihe deinem Werturteil die Form:
   „Die PID ist gut/erstrebenswert, weil …" oder: „Die PID ist schlecht/ablehnenswert, weil …"

3. Entscheidungsurteil

Situationsschilderung:

Der Bundesgerichtshof entschied am 6. Juli 2010, dass die Präimplantationsdiagnostik nach dem 1991 in Kraft getretenen Embryonenschutzgesetz nicht grundsätzlich untersagt ist. Bis dahin galten Gentests an künstlich erzeugten Embryonen als verboten.

Für die Politik bedeutete dies: Sie wird entweder nicht tätig und nimmt die durch das Gerichtsurteil geschaffene Situation hin, gemäß der die PID weitgehend nach freiem Gutdünken praktiziert werden darf. Oder sie wird tätig und bringt die PID in eine gesetzliche Form.

Eine solche Situation ist typisch für die Politik. Sie verlangt von den Politikern eine Entscheidung zwischen den zwei prinzipiellen Alternativen „Hinnehmen" oder „Eingreifen". Beim Durchdenken dieser Entscheidungssituation fragen sich Politiker, welche Auswirkungen das Hinnehmen bzw. Eingreifen auf die verschiedenen Gruppen von Betroffenen sowie auf die Rechtsordnung haben kann.

Aufgaben:

1. Überlege mögliche Auswirkungen auf die Gefühle von Paaren mit Kinderwunsch, von Behinderten und von Ärzten sowie auf die finanzielle Situation des Gesundheitswesens, wenn die Politik nicht aktiv wird.
2. Formuliere ein Entscheidungsurteil zur PID. Verleihe deinem Entscheidungsurteil die Form:
   „Die PID muss gesetzlich geregelt werden, weil ..." oder: „Die PID bedarf keiner gesetzlichen Regelung, weil ..."

4. Gestaltungsurteil

Situationsschilderung:

Ein Entscheidungsurteil ist in der Regel nur die Vorstufe eines Gestaltungsurteils. Hat sich nämlich die Politik dazu durchgerungen, dass die gesetzliche Regelung einer bestimmten Materie sinnvoll oder notwendig ist, beginnt die Arbeit an der inhaltlichen Gestaltung des Gesetzes. Ein Gestaltungsurteil fasst die Eckpunkte eines solchen Gesetzes zusammen.

Im Falle der PID kam es zur Präsentation dreier Gesetzentwürfe.

Gesetzentwurf I: Striktes und ausnahmsloses Verbot der PID.

Gesetzentwurf II: Verbot der PID, in eng begrenzten Ausnahmefällen aber nicht rechtswidrig.

Gesetzentwurf III: Erlaubnis der PID, wenn auch unter strengen Auflagen.

Aufgaben:

1. Recherchiere im Internet die verschiedenen Gesetzentwürfe zur Präimplantationsdiagnostik.
2. Entscheide dich für einen Gesetzesentwurf. Formuliere auf der Basis deiner Rechercheergebnisse ein Gestaltungsurteil, das den Gesetzentwurf in den entscheidenden Punkten zusammenfasst. Leite dein Gestaltungsurteil mit der Formulierung ein:
   „Die PID ist erlaubt. Im Einzelnen gelten folgende Regelungen: ..." oder: „Die PID ist verboten. Im Einzelnen gelten folgende Regelungen: ..."

Literatur

Aebli, H. (1968): Über die geistige Entwicklung des Kindes. 2. Auflage. Stuttgart.

Arendt, H. (1972): Wahrheit und Lüge in der Politik. Zwei Essays. München.

Arendt, H. (1985): Das Urteilen. Texte zu Kants Politischer Philosophie. Herausgegeben von Ronald Beiner. München.

Arendt, H. (2006): Denken ohne Geländer. Texte und Briefe. Bonn.

Barber, B. (1994): Starke Demokratie. Über die Teilhabe am Politischen. Hamburg.

Bergstraesser, A. (1957): Warum ist politische Bildung nötig? Offene Welt, S. 555-561.

Brander, S./Kompa, A./Peltzer, U. (1989): Denken und Problemlösen. Einführung in die kognitive Psychologie. 2. Auflage. Opladen.

Bredow, W. von/Noetzel, T. (2009): Politische Urteilskraft. Wiesbaden.

Buchstein, H. (1996): Die Zumutungen der Demokratie. Von der normativen Theorie des Bürgers zur institutionell vermittelten Präferenzkompetenz. In: K. von Beyme/C. Offe (Hrsg.), Politische Theorien in der Ära der Transformation. Opladen, S. 295-324.

Buchstein, H./Schmalz-Bruns, R. (1994): Republikanische Demokratie. In: B. Barber: Starke Demokratie. Über die Teilhabe am Politischen. Hamburg, S. 297-323.

Celikates, R. (2007): Kontingenzerfahrung und Vernunfterwartung. Zum Ort der Urteilskraft in sozialen Praktiken. In: A. Brodocz (Hrsg.), Erfahrung als Argument. Zur Renaissance eines ideengeschichtlichen Grundbegriffs. Baden-Baden, S. 91-104.

Detjen, J. (2005a): Politische Urteilsfähigkeit als Kern der Bildungstheorie des Politischen. In: P. Massing/K.-B. Roy (Hrsg.), Politik. Politische Bildung. Demokratie. Schwalbach/Ts., S. 172-189.

Detjen, J. (2005b): Politische Urteilsfähigkeit – eine domänenspezifische Kernkompetenz der politischen Bildung. In: Redaktion POLITISCHE BILDUNG/kursiv – Journal für politische Bildung (Hrsg.), Bildungsstandards – Evaluation in der politischen Bildung. Für Schule, Jugend- und Erwachsenenbildung. Schwalbach/Ts., S. 55-73.

Detjen, J. (2007): Politische Bildung. Geschichte und Gegenwart in Deutschland. München.

Detjen, J./Massing, P./Richter, D./Weißeno, G. (2012): Politikkompetenz. Ein Modell. Wiesbaden.

Dörner, D. (2004): Die Logik des Misslingens. Strategisches Denken in komplexen Situationen. Reinbek bei Hamburg.

Dörner, D./Kreuzig, H. W./Reither, F./Stäudel, T. (Hrsg.) (1983), Lohhausen. Vom Umgang mit Unbestimmtheit und Komplexität. Bern.

Eckensberger, L. H. (2002): Bildungsziel Demokratie: Eine entwicklungspsychologische Perspektive. In: Derselbe/B. Tröger/H. Zayer (Hrsg.), Erinnerungen – Perspektiven. 50 Jahre Deutsches Institut für Internationale Pädagogische Forschung. Frankfurt/M., S. 94-117.

Eyrich-Stur, M. (2009): Wie urteilen Hauptschüler über Politik? Eine deskriptive Studie über die politische Urteilskompetenz von Hauptschülern unter besonderer Berücksichtigung geschlechtstypischer Zusammenhänge. Hamburg.

Eysenck, M. W. (2001): Principles of Cognitive Psychology. Second Edition. Hove.

Funke, J. (2006): Komplexes Problemlösen. In: Derselbe (Hrsg.), Denken und Problemlösen. Göttingen, S. 375-445.

GPJE (=Gesellschaft für Politikdidaktik und politische Jugend- und Erwachsenenbildung) (2004): Nationale Bildungsstandards für den Fachunterricht in der Politischen Bildung an Schulen. Ein Entwurf. Schwalbach/Ts.

Grosser, D. (1987): Schwierigkeitsgrade beim Urteilen über Politik. Beispiel: Urteile über Wirtschaftspolitik. In: S. Schiele/H. Schneider (Hrsg.), Konsens und Dissens in der politischen Bildung. Stuttgart, S. 165-177.

Grosser, D./Hättich, M./Oberreuter, H./Sutor, B. (1980): Politische Bildung. Grundlagen und Zielprojektionen für den Unterricht an Schulen. In: H. Oberreuter (Hrsg.), Freiheitliches Verfassungsdenken und Politische Bildung. Stuttgart, S. 131-162.

Hartig, J./Klieme, E. (2006): Kompetenz und Kompetenzdiagnostik. In: K. Schweizer (Hrsg.), Leistung und Leistungsdiagnostik. Heidelberg, S. 127-143.

Hättich, M. (1977): Rationalität als Ziel politischer Bildung. München.

Heidbrink, H. (1982): Zur Bedeutung kognitiver Komplexität und moralischer Urteilsfähigkeit für politische Lernprozesse. In: W. Hagemann/H. Heidbrink/M. Schneider (Hrsg.), Kognition und Moralität in politischen Lernprozessen. Theoretische Ansätze, Forschungsergebnisse, Anwendungsmodelle. Opladen, S. 73-107.

Hennis, W. (1968): Politik als praktische Wissenschaft. Aufsätze zur politischen Theorie und Regierungslehre. München.

Hermenau, F. (1999): Urteilskraft als politisches Vermögen. Zu Hannah Arendts Theorie der Urteilskraft. Lüneburg.

Hilligen, W. (1985): Zur Didaktik des politischen Unterrichts. Wissenschaftliche Voraussetzungen. Didaktische Konzeptionen. Unterrichtspraktische Vorschläge. 4. Auflage. Bonn.

Höffe, O. (2005): Klugheit im politischen Projekt der Moderne. In: W. Kersting (Hrsg.), Klugheit. Weilerswist, S. 301-317.

Hussy, W. (1986): Denkpsychologie. Ein Lehrbuch. Band 2: Schlussfolgern, Urteilen, Kreativität, Sprache, Entwicklung, Aufmerksamkeit. Stuttgart, Berlin, Köln, Mainz.

Hussy, W. (1998): Denken und Problemlösen. 2. Auflage. Stuttgart, Berlin, Köln.

Juchler, I. (2005): Demokratie und politische Urteilskraft. Überlegungen zu einer normativen Grundlegung der Politikdidaktik. Schwalbach/Ts.

Jungermann, H./Pfister, H.-R./Fischer, K. (1998): Die Psychologie der Entscheidung. Eine Einführung. Heidelberg, Berlin.

Klee, A. (2008): Entzauberung des Politischen Urteils. Eine didaktische Rekonstruktion zum Politikbewusstsein von Politiklehrerinnen und Politiklehrern. Wiesbaden.

Klieme, E./Avenarius, H./Blum, W./Döbrich, P./Gruber, H./Prenzel, M./Reiss, K./Riquarts, K./Rost, J./Tenorth, H.-E./Vollmer, H. J. (2003): Zur Entwicklung nationaler Bildungsstandards. Eine Expertise. Bonn.

Klieme, E./Funke, J./Leutner, D./Reimann, P./Wirth, J. (2001): Problemlösen als fächerübergreifende Kompetenz. Konzeption und erste Resultate aus einer Schulleistungsstudie. Zeitschrift für Pädagogik, 47, S. 179-200.

Knauff, M. (2006): Deduktion und logisches Denken. In: J. Funke (Hrsg.), Denken und Problemlösen. Göttingen, S. 167-264.

Massing, P. (1997): Kategorien politischer Urteilsbildung. Wege zur politischen Urteilsbildung. In: Derselbe/G. Weißeno (Hrsg.), Politische Urteilsbildung. Zentrale Aufgabe für den Politikunterricht. Schwalbach/Ts., S. 115-131.

Massing, P. (2003): Kategoriale politische Urteilsbildung. In: H.-W. Kuhn, Urteilsbildung im Politikunterricht. Ein multimediales Projekt. Schwalbach/Ts., S. 91-108.

May, M. (2011): Dilemma-Methode. In: S. Reinhardt/D. Richter (Hrsg.), Politik-Methodik. Handbuch für die Sekundarstufe I und II. 2. Auflage. Berlin, S. 49-53.

Meierhenrich, V. (2003): Wie können Schüler politisch urteilen? Kategorien politischer Urteilsbildung im Bewusstsein von Schülerinnen und Schülern. Schwalbach/Ts.

Meierhenrich, V. (2011): Politisches Entscheidungsdenken. In: S. Reinhardt/D. Richter (Hrsg.), Politik-Methodik. Handbuch für die Sekundarstufe I und II. 2. Auflage. Berlin, S. 32-36.

Meier-Seethaler, C. (2001): Gefühl und Urteilskraft. Ein Plädoyer für die emotionale Vernunft. 3. Auflage. München.

Mietzel, G. (2003): Pädagogische Psychologie des Lernens und Lehrens. 7. Auflage. Göttingen.

Niehaus, M. (2006): Die Entscheidung vorbereiten. In: C. Vismann/ T. Weitin (Hrsg.), Urteilen/Entscheiden. München, S. 32-36.

Oerter, R. (2001): Was können Kinder und Jugendliche? Was können

sie verantworten? In: R. Oerter/S. Höfling (Hrsg.), Mitwirkung und Teilhabe von Kindern und Jugendlichen. München, S. 37-54.

Petrik, A. (2007): Von den Schwierigkeiten, ein politischer Mensch zu werden. Konzept und Praxis einer genetischen Politikdidaktik. Opladen und Farmington Hills.

Pritzlaff, T. (2007): Erfahrung und gemeinsames Urteilen. In: A. Brodocz (Hrsg.), Erfahrung als Argument. Zur Renaissance eines ideengeschichtlichen Grundbegriffs. Baden-Baden, S. 57-71.

Richter, D. (1999): Interessenkonflikte und Machtverhältnisse: Rekonstruktionen kategorialer Konzepte bei Grundschülerinnen und Grundschülern. In: I. Frohne (Hrsg.), Sinn- und Wertorientierung in der Grundschule. Bad Heilbrunn/Obb., S. 117-140.

Schmidt, R. (2007): Erfahrung und politische Urteilskraft. In: A. Brodocz (Hrsg.), Erfahrung als Argument. Zur Renaissance eines ideengeschichtlichen Grundbegriffs. Baden-Baden, S. 73-87.

Seel, N. M. (2003): Psychologie des Lernens. Lehrbuch für Pädagogen und Psychologen. 2. Auflage. München.

Sutor, B. (1984): Neue Grundlegung politischer Bildung. Band II: Ziele und Aufgabenfelder des Politikunterrichts. Paderborn.

Sutor, B. (1997): Kategorien politischer Urteilsbildung. In: P. Massing/G. Weißeno (Hrsg.), Politische Urteilsbildung. Zentrale Aufgabe für den Politikunterricht. Schwalbach/Ts., S. 95-108.

Vollrath, E. (1977): Die Rekonstruktion der politischen Urteilskraft. Stuttgart.

Vollrath, E. (1993): Hannah Arendts ‚Kritik der politischen Urteilskraft'. In: P. Kemper (Hrsg.), Die Zukunft des Politischen. Ausblicke auf Hannah Arendt. Frankfurt/M., S. 34-54.

Weinbrenner, P. (1997): Politische Urteilsbildung als Ziel und Inhalt des Politikunterrichts. In: P. Massing/G. Weißeno (Hrsg.), Politische Urteilsbildung. Zentrale Aufgabe für den Politikunterricht. Schwalbach/Ts., S. 73-94.

Weißeno, G./Detjen, J./Juchler, I./Massing, P./Richter, D. (2010): Konzepte der Politik. Ein Kompetenzmodell. Schwalbach/Ts.

Witzani, L. (1980): Politische Urteilskraft. Beiträge zu einer Neuorientierung der politischen Bildungsarbeit. Köln.

Zillig, W. (1982): Bewerten. Sprechakttypen der bewertenden Rede. Tübingen.